ADAC Reiseführer

Dalmatien

Dubrovnik Split Zadar

Städte und Dörfer · Museen · Kirchen · Strände
Naturschönheiten · Festivals · Hotels · Restaurants

Die Top Tipps führen Sie zu den Highlights

von Peter und Rainer Höh

Intro

Unterwegs

VAN
GELI
STA
MEVS

Karten und Pläne

☐ Service

Leserforum

Die Meinung unserer Leserinnen und Leser ist wichtig, daher freuen wir uns von Ihnen zu hören. Wenn Ihnen dieser Reiseführer gefällt, wenn Sie Hinweise zu den Inhalten haben – Ergänzungs- und Verbesserungsvorschläge, Tipps und Korrekturen –, dann kontaktieren Sie uns bitte:

Redaktion ADAC Reiseführer
Travel House Media GmbH
Grillparzerstr. 12, 81675 München
adac.reisefuehrer@travel-house-media.de

Dalmatien Impressionen

Auf Europas Sonnenbalkon

Der nach Süden hin immer schmaler werdende Küstenstreifen an der östlichen Adria trägt den Namen **Dalmatien** und ist Teil der 1991 proklamierten *Republik Kroatien*. Das Gebiet erstreckt sich zwischen Zadar im Norden und Dubrovnik im Süden. Es wird geteilt durch einen nur wenige Kilometer breiten Korridor bei Neum, der zu *Bosnien und Herzegowina* gehört. Die dalmatinische Küstenlandschaft ist der traditionelle Sonnenbalkon Europas: ein zerklüftetes, buchtenreiches Gestade, vor dem ein Labyrinth aus Hunderten von romantischen Eilanden liegt.

Urlaubsregion Dalmatien

Die dalmatinische Küste präsentiert sich schöner und verlockender denn je und ist noch einfacher und unbeschwerter zu bereisen als in der Vergangenheit. Mittlerweile reicht die Autobahn entlang der Küste bis nach Ploče, 2018 soll sie Dubrovnik im äußersten Süden erreicht haben. Und während in den Badeorten an der dalmatinischen Festlandsküste das Gedränge in den Sommermonaten recht groß ist, kann man auf den vorgelagerten Inseln sogar hier und dort noch manch einsamen Strand entdecken.

Hauptanziehungspunkt der dalmatinischen Küste ist Dubrovnik, die ›Perle der Adria‹ mit mittelalterlichen Kirchen, Klöstern und Palästen. Hier landen die Kreuzfahrtschiffe beinahe im Stundenrythmus. Überall in Dalmatien wurde in den letzten Jahren eifrig gebaut, viele wertvolle **Baudenkmäler** sind restauriert, **Hotelanlagen** modernisiert, neue Straßen geschaffen und vorhandene ausgebaut. An den Bürgerkrieg, der Anfang der 1990er-Jahre den Zerfall Jugoslawiens auslöste, erinnert fast nichts mehr.

Längst ist Kroatien kein Billigreiseziel mehr. Zu Zeiten Titos hatte man mit Erfolg auf Massentourismus gesetzt. Entlang der Küste entstanden riesige Campingplätze und gesichtslose Hotelburgen nach sozialistischem Einheitsmuster.

Oben: *Folkloristische Tänzer – auf der Insel Korčula werden noch alte Traditionen wie der Moreška, ein wilder Säbeltanz, gepflegt*
Unten: *Malerisch drängen sich die Häuser von Primošten auf einem Inselberg zusammen*
Links: *Wie im Paradies – erfrischendes Bad an den Wasserfällen von Krka*

Heute legt man Wert auf **Qualität** und **Service**. Vielerorts hat man vergleichbare Regionen Italiens oder Spaniens bereits hinter sich gelassen. Auch die Preise liegen inzwischen auf dem Niveau anderer Mittelmeerregionen. Aber das ist Dalmatien auch wert, die Trumpfkarten der dalmatinischen Küste können sich sehen lassen. Über 1000 km Festlandsküste, fast **700 Inseln** und Inselchen mit noch einmal fast 4000 km Küstenlinie, das klarste und sauberste Wasser des Mittelmeers, ausgezeichnete Bedingungen für Taucher, Segler und Wassersportler, vielfältige **Naturlandschaften**, faszinierende Nationalparks, malerische **Altstädte** mit einer Fülle von Baudenkmälern, eine hervorragende und äußerst vielfältige Gastronomie und vor allem: Überall trifft man auf überaus gastfreundliche Menschen.

Norddalmatien – stille Inseln und wilde Berge

Von den zerklüfteten **Paklenica-Schluchten** bis zu den rauschenden Wasserfällen des **Nationalparks Krka** reicht Norddalmatien. Und im Landesinneren liegen die Sinterterrassen des **Nationalparks Plitwitzer Seen**. Zentrum der Region ist **Zadar** mit einer unglaublichen Vielfalt an Baudenkmälern aus seiner langen Geschichte. Fruchtbares Hügelland mit malerischen Badeorten und mittelalterlichen Städten säumt die Küste, und die vorgelagerten Inseln sind ein Paradies für Wassersportler und Freizeitskipper. Diese

segeln bevorzugt im **Kornaten-Archipel**. Hier schaffen Hunderte unbewohnter Eilande und Riffe eine bizarre Kulisse von magischer Schönheit.

Oben: *Auf zu neuen Ufern – die Inselgruppe der Kornaten, ein Archipel der kroatischen Adria, ist ein beliebtes Segelgebiet und steht seit 1980 unter Naturschutz*
Unten: *Auf dem belebten Platz vor dem Rathaus in Trogir trifft man sich gerne*
Rechts oben: *Unheimliches Geschöpf – an der Fassade des Franziskanerklosters in Dubrovnik ist ein in Stein gemeißelter Kopf eines antiken Wasserspeiers zu bestaunen*
Links unten: *Sagenhafte Natur – unbedingt besuchen sollte man den Nationalpark Plitwitzer Seen*

Mitteldalmatien – zwischen Fels und Meer

Das Herzstück Dalmatiens umfasst das Gebiet zwischen Trogir und dem Neretva-Delta: antike Ruinen, mittelalterliche Städte, malerische Buchten vor gewaltigen Küstengebirgen und stille Inselidyllen. Einen Höhepunkt gleich zum Auftakt setzt die mittelalterliche Museumsstadt **Trogir**. Zentrum der Region ist **Split**, die wohl einzige Metropole der Welt, die aus einem römischen Kaiserpalast, dem Diokletianspalast, hervorgegangen ist. Vor seiner Küste liegt das raue Eiland **Brač** mit dem faszinierenden Hochland *Vidova Gora* und dem ›Goldenen Horn‹, dem beliebtesten Strand Kroatiens, der sichel-

förmig 600 m weit ins kristallklare Meer ragt. Mit der Schönheit der Inseln konkurriert die Küste – die einstige Piratenfestung **Omiš**, hinter der sich die wildromantische Cetina-Schlucht öffnet, das steil aus dem Meer aufragende *Omiško-Gebirge* und die berühmte **Makarska-Riviera**, die sich über 50 km von Brela bis fast zum Delta der Neretva erstreckt. Dank langer, von Pinienwäldern und subtropischer Vegetation gesäumter Strände ist sie die kroatische Badeküste par excellence.

Süddalmatien – Festungsstädte und subtropische Paradiese

Als mildes, subtropisches Idyll mit viel besuchten Städten, üppig grünen Inseln und einsamen Baderevieren präsentiert sich Süddalmatien, das als schmaler Küstenstreifen vom Neretva-Delta bis zur Bucht von Kotor reicht. Hinter der blühenden Gartenlandschaft des **Neretva-Deltas** folgt – für den Reisenden kaum merklich – der schmale bosnische Korridor mit dem Ferienzentrum *Neum* und kurz danach die Abzweigung zur Halbinsel **Pelješac** mit der längsten Festungsmauer Europas bei der Ortschaft Ston. Gegenüber steigt wie eine Fata Morgana die trutzige Inselzitadelle **Korčula** aus dem Meer, ein Touristenmagnet ersten Ranges. Unbestreitbarer Höhepunkt ist **Dubrovnik**, die ›Perle der Adria‹. Unmittelbar vor ihren Toren wartet der subtropische Archipel der **Elaphiten** auf Erholungsuchende. Und als krönender Abschluss erhebt sich wie ein leuchtender Smaragd aus dem Blau der Adria **Mljet** mit seinem Nationalpark, zwei verträumten Salzseen und einer ›Insel auf der Insel‹, die durch eine paradiesisch gelegene Klosterfestung fasziniert.

Zwischen Orient und Okzident

Die Trennlinie zwischen Orient und Okzident verläuft quer über den Balkan. Die Spaltung, die bis in die Gegenwart zu Krieg und Völkermord führt, hatte bereits 395 mit der Teilung des **Römischen Reiches** in Ost- und Westrom begonnen. Weiter vertieft wurde die Kluft durch die allmähliche Abspaltung der griechisch-orthodoxen von der römisch-katholischen Kirche, die im griechischen Schisma von 1054 endgültig vollzogen wurde.

Oben: *Selbst in der Hochsaison findet man noch stille Plätzchen an Dalmatiens Küste*
Links Mitte: *Aufgeigen wie früher – nur in und um Dubrovnik wird die Lijerica, eine dreisaitige Streichlaute, heute noch gespielt*
Links unten: *Ein Meer aus Dächern, Kuppeln und Türmen – bei Sonnenuntergang erglänzt Dubrovnik in goldenem Licht*

Während die Kroaten und Slowenen der **römisch-katholischen Konfession** angehörten, das lateinische Alphabet verwendeten und durch die abendländische Kultur geprägt wurden, übernahmen die Serben und Bulgaren den **orthodoxen Glauben**, die kyrillische Schrift und die byzantinische Kultur. Noch komplizierter wurden die Verhältnisse auf dem Balkan durch den Vorstoß der Osmanen im 16. Jh., die in den Gebieten südlich und südöstlich von Kroatien den **Islam** einführten. Diese vielschichtige kulturelle, religiöse, sprachliche und ethnische Spaltung des Balkans führte zu Spannungen, die im Vielvölkerstaat **Jugoslawien** mit eiserner Klammer und durch das Geschick Titos in Zaum gehalten werden konnten. Nach seinem Tod entluden sie sich in grausamen Konflikten.

Prägend für das heutige Bewusstsein der Kroaten wurde aber auch die weitere Entwicklung ihres eigenen Territoriums. Der erste Herrscher eines vereinigten **Kroatien** war *Fürst Tomislav* (910–928). 180 Jahre lang blühte das Land unter seinen eigenen Königen. 1102 verlor es durch die ›Pacta conventa‹ seine Unabhängigkeit und wurde bis in jüngste Zeit von fremden Mächten regiert: am längsten von Ungarn, Venedig, dem Habsburger Reich und von den Serben. Jahrhundertelang kämpften die Kroaten um ihre Autonomie und um die Erhaltung ihrer nationalen Identität. 1991 schließlich – nach genau 900 Jahren – erlangten sie ihre **Unabhängigkeit** wieder. Mit großem Stolz und Nationalbewusstsein bringen sie nun den ausländischen Gästen die landschaftlichen und kulturellen Schönheiten näher, mit denen Kroatien so reich gesegnet ist.

Ausblick

Am 1. Juli 2013 ist Kroatien als 28. Mitglied der Europäischen Union beigetreten und hat damit ein neues Kapitel in seiner wechselhaften Geschichte aufgeschlagen. Nachdem die Rezession in der Zeit nach dem Beitritt in die Europäische Union nicht gestoppt werden konnte, lässt die leichte Zunahme des Bruttoinlandsproduktes im Jahr 2015 auf eine Trendwende hoffen. Auch im Tourismus, seit Jahrzehnten der wichtigste Wirtschaftszweig des Landes, erwartet man sich anhaltendes Wachstum.

Geschichte, Kunst, Kultur im Überblick

Von Illyrern, Römern, Osmanen, Venezianern, Habsburgern und Jugoslawen

12 000–10 000 v. Chr. Der Dinarische Graben wird überflutet, und es entsteht das Labyrinth der dalmatinischen Inseln.

4500–3000 v. Chr. Funde der jungsteinzeitlichen, nach der Ortschaft Danilo benannten Danilo-Kultur bei Šibenik und in Höhlen auf der Insel Hvar.

1800–1650 v. Chr. Funde bei Sinj und auf Hvar sowie Wallburgen auf der Insel Brač geben Aufschluss über die Cetina-Kultur der frühen Bronzezeit.

1100 v. Chr. Indoeuropäische Illyrer-Stämme wandern aus Mitteleuropa ein. Die Delmater lassen sich an der Adriaküste nieder und errichten Wehrsiedlungen, Pfahlbauten und Grabhügel.

500 v. Chr. Griechische Siedler gründen auf den süddalmatinischen Inseln Kolonien und Handelsniederlassungen.

389 v. Chr. Griechen aus Syrakus begründen auf der Insel Vis die Kolonie Issa, Siedler von der Insel Paros auf Hvar die Stadt Pharos, das heutige Stari Grad.

229/228 v. Chr. Im ersten Römisch-illyrischen Krieg muss die Illyrer-Königin Teuta eine Niederlage hinnehmen. Dimitrios von Hvar, zunächst Verbündeter von Teuta, unterstützt die Römer und etabliert einen Staat mit Zentrum in der Stadt Hvar.

219 v. Chr. Im zweiten Römisch-illyrischen Krieg wird Dimitrios geschlagen und die Stadt Hvar zerstört.

um 200 v. Chr. Griechen von Issa gründen die Kolonie Tragurion (Trogir).

155 v. Chr. Die Römer besiegen die Delmater und zerstören ihre Hauptstadt Delminium im Duvnoer Polje.

Diokletian, römischer Kaiser und Erbauer des Diokletianspalastes in Split

78 v. Chr. Rom erobert Salona.

43–39 v. Chr. Salona wird zur römischen Kolonie ›Martia Julia Salonae‹, die zunächst von den Delmatern eingenommen, dann aber 39 von Oktavian zurückerobert wird.

35–33 v. Chr. Im Illyrischen Krieg erobern die Römer unter Oktavian den gesamten Küstenraum Dalmatiens.

27 v. Chr. Dalmatien wird zur römischen Provinz ›Illyricum‹, die bis nach Istrien reicht und zeitweise auch diese Halbinsel umfasst.

6–9 n. Chr. Der letzte Illyrer-Aufstand gegen die Römer wird niedergeschlagen.

um 250 Venantius wird zum ersten Bischof von Salona gewählt.

284 Ernennung Diokletians zum römischen Kaiser.

293–305 Bau des gewaltigen Diokletianspalastes an der Küste, aus dem später die Stadt Spalatum (Split) entsteht.

305 Kaiser Diokletian dankt ab und zieht in seinen Palast, wo er 316 stirbt.

395 Nach dem Tod des Kaisers Theodosius zerbricht das Römische Reich in West- und Ostrom. Dalmatien gehört dem Westreich an.

425 Theodosius II. erobert Salona, Dalmatien fällt an Ostrom.

475 Niedergang des Weströmischen Reiches. Julius Nepos flieht in seine dalmatinische Heimat, wo er 480 im Diokletianspalast ermordet wird. Sein Nachfolger, Romulus Augustulus, wird 476 als letzter weströmischer Kaiser von den Germanen unter Odoaker entmachtet.

504 Die Ostgoten unter Theoderich dem Großen annektieren Dalmatien und beherrschen es bis 535.

535 Der byzantinische Kaiser Justinian I. erobert Salona, und 537 erringt Byzanz den endgültigen Sieg über die Goten in Dalmatien, das nun von der byzantinischen Provinzhauptstadt Ravenna aus verwaltet wird.

6./7. Jh. Im Zuge der Völkerwanderung dringen von Norden Slawen und Awaren in die Region ein. Sie zerstören Salona und beenden die byzantinische Herrschaft über Dalmatien.

621 Die Slawen besiegen die Awaren, und der südslawische Stamm der Kroaten besiedelt die pannonische Tiefebene und die Küste von Istrien und Dalmatien.

641 Beginn der Christianisierung in Kroatien.

7. Jh. Das Mausoleum Diokletians in Split wird Bischofskirche, Johannes von Ravenna erster Erzbischof.

um 800 Višeslav, der erste namentlich bekannte kroatische Fürst, hat seinen Hof in Nin bei Zadar.

803 Dalmatien bis zur Cetina-Mündung wird Teil des Frankenreiches Karls des Großen.

852 Fürst Trpimir begründet die erste kroatische Herrscherdynastie. In einer Schenkungsurkunde von 852 nennt er sich ›Durch Gottes Gnaden Fürst der Kroaten‹.
864 In der Zeit der Kirchenspaltung brechen die Kroaten die Beziehungen zu Byzanz ab und gründen ihr eigenes Bistum in Nin.
879 Fürst Branimir erklärt seine Treue zur Römischen Kirche, und Papst Johannes VIII. anerkennt den ersten selbstständigen Staat Kroatien.
910–928 Fürst Tomislav besiegt die Ungarn und vereint Pannonien mit Dalmatien.
925 Fürst Tomislav wird erster kroatischer König.
1075 Vom Gesandten Papst Gregors III. wird Fürst Zvonimir in Solin zum König gekrönt.
1102 Mit dem Tod von König Stjepan II. erlischt die kroatische Herrscherdynastie. Durch die ›Pacta conventa‹ wird der Ungarnkönig Koloman in Personalunion zum ›König von Ungarn, Kroatien und Dalmatien‹. Kroatien wird als selbstständiger Staat Teil des ungarisch-kroatischen Doppelreiches.
12. Jh. Byzanz verliert seinen Einfluss an der östlichen Adriaküste an Venedig. Wichtige Küstenstädte wie Split, Trogir und Šibenik werden wechselweise von Venedig, Byzanz und Kroatien erobert und wieder zurückerobert.
1329 Venedig beherrscht – nach der Niederlage Splits 1327 – bis auf Omiš die gesamte Küste Dalmatiens von Zadar bis zur Cetina-Mündung.
1357 Split und Trogir erheben sich gegen die venezianische Herrschaft.
1358 Venedig tritt im Frieden von Zadar Dalmatien ab, das sich wieder mit Kroatien zusammenschließt.
1403 Ladislaus von Neapel wird in Zadar zum ungarisch-kroatischen König gekrönt.
1409 König Ladislaus verkauft Zadar, Novigrad, Vrana und die Insel Pag für 100 000 Dukaten an Venedig.
1413–20 Die Inseln Brač, Hvar und Korčula fallen unter die Herrschaft von Dubrovnik.
1420 Venedig erobert Split, Trogir, Brač und Hvar, 1444 fallen auch Omiš und Poljica an die Lagunenstadt.
1493–1526 Die Türken erobern weite Teile Dalmatiens: 1493 siegen sie in der Schlacht auf dem Krbavsko Polje, 1502 erobern sie das Gebiet von Makarska, 1520 die Region um Split, Trogir, Šibenik und Zadar, 1526 schlagen sie das ungarisch-kroatische Heer bei Mohacs, wo König Ludwig II. fällt.
1527 Der letzte ungarisch-kroatische König Wladislaw II. fällt im Kampf gegen die Türken. Zum Schutz gegen die Osmanen wählt der Adel den Habsburger Ferdinand I. zum kroatischen König.
1593 Das vereinte kroatische und habsburgische Heer schlägt bei Sisak die Türken zum ersten Mal vernichtend. Der Sieg wird zur Initialzündung für die europäischen Mächte, die Türken gemeinsam zu vertreiben.
17./18. Jh. Habsburg, Venedig und Kroatien drängen die Türken immer weiter zurück.
1667 Ein starkes Erdbeben verwüstet Dubrovnik.
1699 Im Frieden von Karlowitz werden Venedig alle Gebiete zugesprochen, die es zuvor in den Kämpfen erobert hat.
1714–18 Im türkisch-venezianischen Krieg vertreibt Venedig die Türken aus ihren letzten Bastionen in Dalmatien und kann im Frieden von Passarowitz sein Gebiet bis an die Grenzen der Republik Dubrovnik ausdehnen.
1797 Der Frieden von Campo Formio besiegelt das Ende der Republik Venedig, Österreich wird Ordnungsmacht an der östlichen Adriaküste.
1805 Nach Napoleons Sieg bei Austerlitz und dem Frieden von Pressburg kommt Dalmatien an Frankreich.

Im 7. Jh. wandelten Christen das Mausoleum Diokletians in Split in eine Kirche um

Laufsteg der Flaneure – der Stradun war schon Anfang des 20. Jh. Treffpunkt der Einwohner von Dubrovnik

1808 Napoleon löst die Republik Dubrovnik auf.
1809 Dalmatien wird Teil der Illyrischen Provinz.
1812/13 Die Engländer erobern Vis, Lastovo, Korčula und Hvar.
1814/15 Nach der Niederlage Napoleons werden auf dem Wiener Kongress Istrien und Dalmatien wieder der k.u.k.-Monarchie zugeschlagen.
1816 Dalmatien wird zu einem Teilkönigreich erhoben, während Istrien weiterhin direkt von Wien aus regiert wird.
1830 Kroatien erhält eine einheitliche Schriftsprache. Beginn des ›Kroatischen Frühlings‹ und der ›Illyrischen Bewegung‹, die das kroatische Nationalbewusstsein stärken.
1861 Gründung der ›Nardona stranka‹ (Volkspartei) mit dem Ziel, Dalmatien und Kroatien zu vereinigen.
1868 Nach der Zweiteilung der Habsburgmonarchie erhält Kroatien durch einen Vertrag mit Ungarn weitgehende Autonomie und ein eigenes Parlament.
1884 Einführung des Kroatischen als Amtssprache in Dalmatien.
1914 Der serbische Nationalist Gavrilo Princip erschießt in Sarajevo den österreichisch-ungarischen Thronfolger Franz Ferdinand. Beginn des Ersten Weltkrieges. Kroatien kämpft auf Deutschlands und Österreichs Seite.
1918 Nach dem Ende des Ersten Weltkrieges und Zusammenbruch der österreichisch-ungarischen Monarchie wird der Kriegsverlierer Kroatien mit dem Gewinner Serbien im neuen ›Königreich der Serben, Kroaten und Slowenen‹ vereint.
1929 Nach Aufhebung der Verfassung und Errichten einer Diktatur durch König Aleksandar Karadjordjevicę wird der neue Staat in ›Königreich Jugoslawien‹ umbenannt. Unruhen und politische Morde erschüttern das Land.
1934 Kroatische Nationalisten der illegalen ›Ustaša Ante Pavelicęs‹ ermorden den serbischen König Aleksandar.
1941 Deutsche und italienische Truppen besetzen Jugoslawien. Große Teile Dalmatiens fallen an Italien, während der Ustaša-Führer Ante Pavelić in Restkroatien ein faschistisches Vasallenregime (NDH) installiert, das systematisch Massenmord an Serben und Juden begeht. Serbisch-monarchistische Tschetniks rächen sich mit Massenmorden an Kroaten und es kommt zu einem äußerst blutigen Bürgerkrieg.
1943 Josip Broz Tito, der seit 1941 den kommunistischen Partisanenkampf gegen Deutschland und Italien organisierte, wird Präsident der vom ›Antifaschistischen Rat zur Befreiung Jugoslawiens‹ gebildeten Untergrundregierung.
1945 Nach dem Ende des Zweiten Weltkrieges erhält die kommunistische Volksfront bei Wahlen 90 % der Stimmen.
1946 Tito ruft die ›Föderative Volksrepublik Jugoslawien‹ (FNRJ) aus, die man später in ›Sozialistische Föderative Republik Jugoslawien‹ (SFRJ) umbenennt. Tito wird Ministerpräsident.
1953 Tito wird Staatspräsident auf Lebenszeit.
1960 Die systematische touristische Erschließung der Adriaküste startet.
1967 Beginn des ›Kroatischen Frühlings‹ mit Liberalisierung des politischen Lebens.

1971 Tito beendet gewaltsam die Reformbestrebungen der KP Kroatiens.
1980 Nach dem Tod Titos am 4. Mai werden Risse zwischen den Teilrepubliken spürbar.
1990 Bei den ersten freien Wahlen in Kroatien entscheiden sich die Bürger mit großer Mehrheit für einen selbstständigen Staat. Gewinner ist die antiserbische ›Kroatisch Demokratische Union‹ (HDZ) des Nationalisten Franjo Tudjman, der Vorsitzender des Staatspräsidiums wird.
1991 Tudjman proklamiert die ›Souveräne Republik Kroatien‹. Mit Unterstützung der jugoslawischen Armee rufen die Krajina-Serben eine unabhängige Republik aus und erobern Ostslawonien sowie das Hinterland Dalmatiens. Die Küstenstädte werden belagert und die Kroaten in den serbisch besetzten Gebieten systematisch vertrieben.
1992 Kroatien wird auf Initiative Deutschlands von der EU völkerrechtlich anerkannt und Mitglied der Vereinten Nationen. Der Vance-Friedensplan erzwingt einen Waffenstillstand unter UNO-Kontrolle. Tudjman wird bei direkten Präsidentschaftswahlen mit 52 % zum Präsidenten Kroatiens gewählt.
1993 Die kroatische Armee überschreitet die Waffenstillstandslinie und erobert bis auf Ostslawonien alle serbisch besetzten Gebiete zurück.
1995 Der Friedensvertrag von Dayton beendet den Krieg. Ostslawonien wird an Kroatien zurückgegeben. Bei Wahlen wird die Partei Tudjmans, HDZ, bestätigt. Sein autoritärer Führungsstil und starker Nationalismus bringen ihn aber in die Kritik.
1999 Am 10. Dezember stirbt Präsident Franjo Tudjman im Alter von 77 Jahren.
2000 Bei den Parlamentswahlen erringt das oppositionelle Bündnis aus Sozialdemokraten (SDP) und Liberalen (HSLS) 40 % der Stimmen; Premierminister wird Ivica Račan. Stjepan ›Stipe‹ Mesić wird Präsident. Er bemüht sich mit seinem Bekenntnis zu Demokratie und Marktwirtschaft um die europäische Integration.
2003 Kroatien beantragt die EU-Mitgliedschaft.
2004 Kroatien ist offizieller EU-Beitrittskandidat.
2005 Die Autobahn A1 von Zagreb nach Split wird fertiggestellt, der weitere Ausbau der Strecke entlang der dalmatinischen Küste bis Dubrovnik soll 2018 abgeschlossen sein. – Die EU wirft den Kroaten mangelhafte Kooperation mit dem Haager Kriegsverbrechertribunal vor. Doch am 3. Oktober beginnen die EU-Beitrittsverhandlungen.
2009 Seit dem 1. April ist Kroatien Mitglied der NATO.

Josip Broz Tito (1892–1980), langjähriger Staatspräsident Jugoslawiens

2010 Der Sozialdemokrat Ivo Josipović wird neuer Staatspräsident.
2011 Zoran Milanović von der SDP wird neuer Premierminister Kroatiens.
2013 Am 1. Juli tritt Kroatien als 28. Mitglied der Europäischen Union bei.
2015 In einer Stichwahl setzt sich die einstige Außenseiterin Kolinda Grabar-Kitarović gegen Amtsinhaber Josipović durch und wird im Februar die erste Staatspräsidentin des Landes. – In Betina auf der Insel Murter wird ein Museum für Holzschiffbau eröffnet. Neben historischen Exponaten der traditionellen Holzschiffe würdigen Dokumentationen das auf der Insel bis ins 18. Jh. zurückreichende Handwerk der Schiffsbauer.

Die Präsidenten Slobodan Milošević (Serbien), Alija Izetbegović (Bosnien) und Franjo Tudjman (Kroatien) unterzeichnen am 21. November 1995 den Friedensvertrag in Dayton, USA

Unterwegs

Korčula fasziniert durch sein geschlossenes mittelalterliches Stadtensemble

Zadar und das nördliche Dalmatien – alte Hauptstädte und atemberaubende Naturschönheiten

Das ›Tor nach Dalmatien‹, **Zadar**, ist überreich mit prachtvollen Palästen, Kirchen und Klöstern aus seiner langen Geschichte gesegnet. Wie ein Postkartenidyll liegt die alte Hauptstadt auf einer von Mauern geschützten Halbinsel. Mit der Hochebene *Ravni Kotari* besitzt sie ein fruchtbares Hinterland – und mit den grünen Inseln Ugljan und Pašman zwei schwimmende Gärten, die seit alters ihre Märkte beliefern. Vor der Küste erheben sich Hunderte von kleineren und größeren, meist unbewohnten Eilanden aus der Adria. Obwohl der *Archipel von Zadar* der landschaftlich vielfältigste Dalmatiens ist, spielt der Tourismus noch keine allzu große Rolle. **Ugljan**, **Pašman**, **Dugi Otok** und all die anderen Inseln bieten zwar nur wenige Unterkünfte, versprechen aber geruhsame Urlaubstage in Abgeschiedenheit. Und das Inselreich des sich südlich anschließenden **Kornaten-Archipels** ist ein wahres Paradies für Segler. Nördlich von Zadar liegt die alte Königsstadt **Nin**, die Wiege der kroatischen Nation, mit einzigartigen Baudenkmälern. Nicht weit entfernt erstreckt sich der grandiose **Nationalpark Paklenica**, wo schroffe Schluchten das wilde *Velebit-Gebirge* durchschneiden. Im Landesinneren fasziniert der seit ›Winnetou‹ weltberühmte **Nationalpark Plitwitzer Seen** mit seiner Seenlandschaft und den Sinterterrassen, über die sich zahllose Wasserfälle in die Tiefe stürzen.

1 Zadar

»Eine tagtägliche Demonstration der Freude am Dasein. Eine schier kultische Prozession der offenen Blicke, der Neugier und der Freundschaft, ein mitreißendes Manifest der Lebensform Stadt, die nicht trennt, sondern zusammenführt.«

Stephan Vajda

Der Hafenort Zadar (92 000 Einw.) ist nach Split die zweitgrößte Stadt der dalmatinischen Küste und das wichtigste Handelszentrum Norddalmatiens. Auf einer etwa 1000 m langen und 500 m breiten Landzunge liegt das historische Zentrum, in dem von den Römern bis zu den Venezianern alle Herrscher ihre Spuren hinterlassen haben. Von den etwas gesichtslosen modernen Vierteln führen eine Straße und eine Fußgängerbrücke hinüber in die Altstadt. Hier schlägt das Herz von Zadar. Tag für Tag strömen viele Tausend Menschen aus dem Umland und den vorgelagerten Inseln hierher und verwandeln Gassen, Plätze und Märkte in ein brodelndes, buntes und vitales Durcheinander – ein faszinierendes Schauspiel mediterraner Lebensfreude.

Geschichte Das von Illyrern gegründete Zadar wurde im 4. Jh. v. Chr. als **Idassa** erstmals schriftlich erwähnt. 200 Jahre später eroberte Rom den Ort und baute ihn unter *Augustus* und *Trajan* zur mächtigen **Municipium Jadera** aus. Im Zuge der Völkerwanderung drangen Slawen und Awaren in die Region vor. Als sie Salona bei Split zerstörten, wurde Zadar 614 neue **Hauptstadt Dalmatiens** (bis 1918). Dem südslawischen Stamm der Kroaten gelang es in der Folgezeit nicht, den Hafenort zu erobern, doch besiedelten sie das fruchtbare Umland und gründeten das christliche **Königreich Kroatien**. 1105 schließlich anerkannte Zadar die Herrschaft des ungarisch-kroatischen Königs *Koloman* und wurde als Bischofssitz mit Palästen, Kirchen und Klöstern ausgestattet. Die blühende Metropole erregte alsbald die Aufmerksamkeit **Venedigs**, das 1212 eine Flotte mit 480 Schiffen in die östliche Adria entsandte und die Stadt belagerte, eroberte und bis auf die Kirchen zerstörte. Nach einer langen Periode erfolgreicher Aufstände gegen die Serenissima verkaufte der letzte ungarisch-kroatische König *Ladislaus von Neapel* 1409 sein Reich für 10 000 Golddukaten an die Republik Venedig. In venezianischer Zeit wurde der Hafenort durch zwei Kastelle und eine Wehrmauer stark befestigt. Dank der mächtigen Bollwerke gelang im 16. und 17. Jh. die erfolgreiche Verteidigung gegen die Osmanen. 1797, nach 600 Jahren venezianischer Herrschaft, fiel Zadar an **Österreich**, es folgte eine Zeit der wirtschaftlichen und kulturellen Blüte. Nach dem **Ersten Weltkrieg** sprach der 1920 abgeschlossene *Vertrag von Rapallo* Zadar Italien zu, das während des Krieges die gesamte kroatische Küste besetzt hatte. Erst nach dem **Zweiten Weltkrieg** gelangte die italienische Enklave an Jugoslawien. Nach der Gründung der **Republik Kroatien** 1991 riefen

Der Glockenturm von Sveta Stošija in Zadar ragt weit über die Altstadthäuser empor

Wie ein lang gestrecktes Schiff liegt die Altstadt von Zadar vor der dalmatinischen Küste

die Serben im Hinterland von Zadar die Republik Krajina aus und schnitten die Stadt fast vier Jahre lang von der Außenwelt ab. Erst im Sommer 1995 konnte die kroatische Armee die Belagerer vertreiben. Die Schäden durch den serbischen Beschuss sind schon lange behoben, die Altstadt wurde vorbildlich restauriert.

Rund um den Narodni trg

Bester Ausgangspunkt für die Erkundung der Altstadt ist der große Parkplatz an der Uferstraße *Obala kneza Branimira*. Von hier führt eine Fußgängerbrücke, die den schönsten Panoramablick auf das alte Zadar bietet, über die Hafenbucht hinüber auf die Halbinsel.

Die Brücke endet auf dem großen Platz *Nova Vrata*. Ein erst 1931 an dieser Stelle in die noch vollständig erhaltene venezianische Stadtmauer gebrochenes Tor führt direkt auf den zentralen **Narodni trg** (Volksplatz), dem lebhaften Zentrum der Altstadt. Bis in die Abendstunden hinein ist der von mehreren interessanten Palästen gesäumte Platz Treffpunkt der Einheimischen.

Das älteste Gebäude des Narodni trg ist die an der Südostecke gelegene, 1284 erbaute und 1565 nach Plänen von *Michele Sanmicheli* im Stil der Spätrenaissance umgestaltete **Stadtwache** 1 Gradska straža) mit der *Ethnografischen Abteilung* des *Volksmuseums* (Sommer Juni–Sept. Mo–So 9–22 Uhr, Okt.–Mai Mo–Fr 9–20 Uhr, Sa/So 9–13 Uhr). Ihre Fassade wird durch drei von Doppelsäulen flankierte Bögen bestimmt, die mittlerweile verglast wurden. Auf der gegenüberliegenden Platzseite erhebt sich seit 1562 die **Stadtloggia** 2 (Gradska loža), in der einst Bürgerräte und Gerichte tagten. 1789 wurde ein Uhrturm mit Balkon angefügt. Den nordöstlichen Abschluss bildet – etwas zurückgesetzt – der **Palača Ghirardini** 3 aus dem 15. Jh., dessen Fassade durch spätgotische Fenster und einen Balkon mit zwei Girlanden tragenden Knabenfiguren akzentuiert wird. Das jüngste Gebäude des Platzensembles, das erst 1934 errichtete große **Rathaus** 4 (Dvor), stört mit seinen wuchtigen Proportionen ein wenig das harmonische Platzgefüge. Hinter seinem Westflügel versteckt sich die kleine romanische Kirche **Sveti Lovro** 5 (St. Laurentius) aus dem 10./11. Jh., eines der ältesten Gebäude Zadars. Die zweistöckige Vorhalle stammt aus späterer Zeit.

Vom Narodni trg gelangt man über die Straße *Don Ive Prodana* zu einem der bedeutendsten Sakralbauten Zadars, der Kirche **Sveti Šimun** 6 (St. Simeon), die im 14. Jh. als dreischiffige Basilika erbaut

wurde. Ihr heutiges Aussehen entstammt mehreren Um- und Anbauten, u. a. wurde dem mittelalterlichen Gotteshaus im 17. Jh. eine Barockfassade vorgeblendet. Das kostbarste Stück der Kirche, der Sarkophag des hl. Simeon, ist über dem Hauptaltar im 1632 ebenfalls neu gestalteten Chorbereich zu bewundern. Der 1371–81 von dem Mailänder Silberschmied *Francesco da Sesta* aus 250 kg Silber und viel Gold gefertigte Sarkophag zählt zu den großartigsten Kunstwerken der dalmatinischen Spätromanik. Seine Reliefplatten erzählen historische Begebenhei-

Filigran – der Sarkophag des hl. Simeon mit prächtigen Reliefs wird in Sveti Šimun aufbewahrt

ten wie den festlichen Einzug des ungarisch-kroatischen *Königs Ludwig I. von Anjou*, dessen Gemahlin Elisabeth die Arbeit in Auftrag gegeben hatte, sowie Geschichten aus dem Leben des hl. Simeon.

Das antike Zentrum

Schnurgerade führt die breite Fußgängerzone **Široka ulica** 7 vom Narodni trg zum antiken Zentrum der Stadt. Die von Geschäften und Cafés gesäumte Einkaufs- und Flaniermeile mündet in den weitläufigen *Zeleni trg*. Ein Großteil des Platzes wird vom **Römischen Forum** 8 (Rimski Forum) eingenommen. Einst umfasste der auf drei Seiten von monumentalen Säulengängen begrenzte antike Marktplatz mit Ausmaßen von 94 x 45,5 m das gesamte Geviert. An der Südwestseite erhob sich das *Kapitol*. Gemeinsam mit einem Tempel bildete es in römischer Zeit das politische und kultische Zentrum Dalmatiens. An der Süd- und Nordostseite des Forums reihten sich *Tabernae*, kleine Läden, aneinander. Heute ist das Gelände des Forums partiell überbaut, von der monumentalen Anlage konnten nur Teile freigelegt werden. Neben Fundamenten, Säulenresten und Kapitellen hat sich an der Westseite eine 14 m hohe korinthische Säule erhalten, die im Mittelalter als Schandpfahl diente.

Ein Teil der auf dem Forum ergrabenen Funde liegt verstreut auf dem freien Platz, der weitaus größere Teil jedoch ist in unmittelbarer Nachbarschaft, im

TOP TIPP

Archäologischen Museum 9 (Arheološki muzej, Tel. 023/25 05 16, www.amzd.hr, Kernöffnungszeit Mo–Sa 9–13, in der Hochsaison tgl. bis in den späten Abend geöffnet, Details siehe Homepage), zu bewundern. Das bedeutendste Museum seiner Art in Dalmatien ist in einem modernen Bau untergebracht. Die verschiedenen Abteilungen dokumentieren die Geschichte der Region Zadar von der Altsteinzeit bis zum Mittelalter. Aus römischer Zeit beeindrucken zwei lebensgroße *Statuen* der Kaiser Tiberius und Augustus. Einzigartig ist die Sammlung altkroatischer *Flachrelieftafeln* aus dem 8.–11. Jh., die aus verschiedenen Kirchen stammen und einst Ziborien und andere Architekturteile schmückten.

Schräg gegenüber, das Gelände des Römischen Forums beherrschend, ragt die Rotunde von **Sveti Donat** 10 (St. Donatus, April/Mai tgl. 9–17, Juni–Sept. tgl. 9–21 Uhr, sonst nach Voranm.) 27 m empor. Die 810–815 im Auftrag von Bischof

Der schlanke Campanile der Kathedrale ragt hinter der alten Kirche Sveti Donat empor

Donatus unter Verwendung zahlreicher römischer Spolien errichtete Rundkirche, die sich an der byzantinischen Baukunst orientierte und Ähnlichkeiten zu *San Vitale* (6. Jh.) in Ravenna aufweist, zählt zu den ältesten christlichen Gotteshäusern Kroatiens und zu den herausragendsten Zentralbauten Europas. Das schlichte Äußere ist durch Pilaster, Blendbögen und drei Apsiden akzentuiert. Das **Innere** besteht aus einem runden zweigeschossigen Mittelraum und einem durch eine Säulenreihe abgetrennten Umgang, über dem eine Galerie liegt. Wegen seiner ex-

zellenten Akustik dient der grandiose Bau heute als *Konzertsaal*.

Die im 12./13. Jh. an der Nordseite von Sveti Donat angebaute **Katedrala Sveta Stošija** 11 (St. Anastasia), eine dreischiffige Basilika, ist der bedeutendste romanische Bau von Zadar. In seiner prachtvollen *Hauptfassade* spiegelt sich der Einfluss toskanischer Architektur wider. Der untere Bereich wird durch drei Portale mit reichem Reliefschmuck geprägt. Der obere Bereich ist – ähnlich wie am Dom von Pisa – in mehrere horizontale Reihen von Blendarkaden gegliedert, in deren Mitte zwei herrliche Fensterrosen die Mauer des Mittelschiffs durchbrechen. Der mächtige *Glockenturm* wurde in der 2. Hälfte des 15. Jh. angefügt. Die oberen Geschosse im Stil der Neorenaissance stammen von 1891. Das **Innere** der Kathedrale birgt zahlreiche Kunstschätze, darunter ein frühgotisches Ziborium von 1332 und das venezianische Chorgestühl von 1418. Die dreischiffige *Krypta* unter dem erhöhten Chor stammt aus vorromanischer Zeit und bewahrt im nördlichen Seitenschiff einen Marmorsarkophag (9. Jh.) mit den Reliquien der hl. Anastasia auf.

An der Südseite des Zelleni trg erhebt sich die Kirche **Sveta Marije** 12 (St. Marien) aus dem 11. Jh. Die dreischiffige Basilika erlebte im Laufe der Jahrhunderte mehrere Umgestaltungen. Die Renaissancefassade stammt von 1507, die spätbarocke Stuckdekoration im Inneren von einer Restaurierung 1744. Errichtet wurde die

Kirche für das angrenzende Benediktinerkloster, das inzwischen die Ausstellung **Gold und Silber aus Zadar** (Zlato i srebro Zadra, Sommer Mo–Sa 10–12.30, 18–19.30 Uhr, So 10–12.30 Uhr, Winter Mo–Sa 10–12.30, 17–18.30 Uhr) beherbergt. Neben Werken venezianischer Meister sowie Skulpturen der Gotik und Renaissance wird eine äußerst wertvolle Sammlung kroatischer Goldschmiedearbeiten gezeigt. Unter den filigranen Kunstwerken befinden sich viele Reliquiare. Kostbarstes Stück ist ein Kreuzreliquiar aus dem 13. Jh.

Entlang der Stadtmauer

Die Umrundung des historischen Zentrums entlang der **Stadtmauer** gehört zu den schönsten Spaziergängen von Zadar, besonders in den Vormittagsstunden. Wer vom Tordurchgang an der Fußgängerbrücke innerhalb der Mauer nach Westen schlendert, stößt dann nämlich schon bald auf farbenfrohe **Märkte**, den Fischmarkt und den Bauernmarkt. Wenige Schritte weiter erreicht man das 1573 erbaute Seetor, die **Porta Marina** 13 (Lučka vrata), die zum Hafen führt. Hier legen die Fähren zu den norddalmatinischen Inseln ab. Die Außenseite des Tores ziert der geflügelte venezianische Löwe, die Innenseite, in die Teile eines römischen Triumphbogens integriert wurden, das Zadarer Stadtwappen.

Von der Porta Marina führt eine Gasse zu der im 12. Jh. errichteten und dem Zadarer Stadtheiligen Grisogonus geweihten romanischen Kirche **Sveti Krševana** 14, die einst zu einem Benediktinerkloster gehörte. Die *Hauptfassade* ist bis auf den Giebel schmucklos, in ihrer Schlichtheit aber bestechend wirkungsvoll. Reicher geschmückt ist die *Apsis* auf der Rückseite mit Blendbögen im unteren Bereich und einer Säulengalerie als oberem Abschluss. Der ebenfalls schlichte, durch antike korinthische Säulen in drei Schiffe geteilte **Innenraum** birgt die 1717 von einem venezianischen Bildhauer gefertigten marmornen Heiligenstatuen von Grisogonus, Zoilo, Anastasia und Simeon. In dem einzig erhaltenen Gebäude des einstigen Benediktinerklosters hat heute das **Stadtmuseum Zadar** 15 (Muzej grada Zadr, Tel. 023/251851, www.nmz.hr, Mitte Juni–Mitte Sept. Mo–Fr 9–21, Sa 9–13, sonst Mo/Di und Do/Fr 9–15, Mi 9–13 und 17–20 Uhr) seinen Sitz [s. S. 20], das neben Exponaten zur Geschichte von Zadar auch eine reiche Sammlung präparierter Fische und Vögel präsentiert.

Auf dem Weg zur Südwestspitze der Halbinsel erreicht man das **Franziskanerkloster** 16 (Franjevački samostan). In der Sakristei der 1280 geweihten Klosterkirche **Sveti Frane**, dem ältesten gotischen Sakralbau Dalmatiens, wurde am 18.11.1358 zwischen der Republik Venedig und dem ungarisch-kroatischen König *Ludwig I. von Anjou* der Friede von Zadar geschlossen, in dem Venedig auf seine Besitzungen an der Ostküste der Adria verzichtete. Durch die Sakristei gelangt man zur **Schatzkammer**, deren kostbarstes Stück, ein Polyptychon des Spliter Meisters *Dujam Vušković*, als das herausragende Werk der dalmatinischen Spätgotik gilt. An der Südwestspitze ertönt die **Meeresorgel** 17 (Morske orgulje). Die breiten Treppenstufen entlang des Ufers sind mit 35 Rohren und Orgelpfeifen durchbohrt, die je nach Wasserstand und Wellenbewegung erklingen. Der Architekt Nikola Bašić realisierte seine Idee einer Wassermusik 2005 mithilfe von Hydraulikern und dem Musiker Ivica Stamać. Nahebei ist seit 2008 der **Gruß an die Sonne** 18 (Pozdrav suncu) zu bewundern. Diese ebenfalls von Bašić geschaffene Lichtinstallation besteht aus 300 Glasplatten, die in Form eines Kreises mit einem Durchmesser von 22 m angeordnet sind. Die am Tag hier gespeicherte Sonnenenergie wird für ein beeindruckendes nächtliches Lichtspiel genutzt, das dem Rhythmus der Wellen und dem Klang der Meeresorgel folgt.

Am südlichen Ende der Uferpromenade findet man Reste einer mittelalterlichen *Zitadelle*, die einst den Hafen von Zadar bewachte. Heute schaukeln bunte Fischerboote in dem winzigen Becken am Ende des *Foša*, des ehem. Festungsgrabens, der früher bis zur Meeresbucht auf der anderen Seite der Altstadt reichte und die Landzunge zur Insel machte. Den schönsten Blick auf das Idyll genießt man von der Terrasse des Fischrestaurants ›Foša‹, auch auf das Landtor, die **Porta Terraferma** 19 (Kopnena gradska vrata). Das 1543 von dem venezianischen Baumeister *Michele Sanmicheli* errichtete Tor, mit dem hohen Mittelbogen und zwei niedrigeren Seitenbögen deutlich von antiken Triumphbögen inspiriert, ist das bedeutendste Baudenkmal Zadars aus der Renaissance. Der geflügelte venezianische Löwe und der Stadtheilige Grisogonus schmücken die Pforte.

Hinter dem Landtor öffnet sich rechter Hand der **Trg pet bunara** 20, der

Der venezianische Löwe an der Porta Terraferma bewacht den Zugang zur Altstadt von Zadar

›Platz der fünf Brunnen‹. Zu Füßen des Kapitäns-turms – früher ein Teil der Stadtbefestigung – liegen in einer Reihe fünf Brunnenschächte. Die Schächte öffnen sich zu einer großen Zisterne, die der Stadt das lebenswichtige Trinkwasser spendete. Nur wenige Schritte entfernt findet man das sehenswerte Museum für Antikes Glas (Muzej Antičkog Stakla, Poljana Zemaljskog odbora 1, Mo–Sa 9–21 Uhr).

Praktische Hinweise

Information

Zadar Stadtinformation, Ilije Smiljanića 5, 23000 Zadar, Tel. 023/31 61 66, www.tzzadar.hr, www.zadar.travel

Tourismusverband Region Zadar, Sv. Leopolda B. Mandića 1, 23000 Zadar, Tel. 023/31 53 16, www.zadar.hr

Hotels

******Falkensteiner Club Funimation Borik**, Majstora Radovana 7, Zadar, Tel. 023/55 56 00, www.falkensteiner.com/de/hotel/borik. Schöner Familienclub, weitläufige Anlage mit Park direkt am Strand, Spa-Zentrum und Erlebnisbad mit Riesen-Wasserrutsche.

TOP TIPP ******Hotel Bastion**, Bedemi Zadarskih Pobuna 13, Zadar, Tel. 023/49 49 50, www.hotel-bastion.hr/de. Das kleine Hotel mit 28 eleganten Zimmern und Suiten steht auf den Überresten eines alten Kastells. Die mediterranen Speisen des Restaurants Kaštel genießt man auf der zur Terrasse umfunktionierten ehemaligen Bastion.

******Kolovare**, Bože Peričića 14, Zadar, Tel. 023/21 10 17, www.hotel-kolovare.com. Moderner Hotelkomplex 1 km vom historischen Zentrum in schöner Lage unmittelbar am Strand.

Restaurants

TOP TIPP **Foša**, Kralja Dmitra Zvonimira 2, Zadar, Tel. 023/31 44 21, www.fosa.hr. Am Foša gelegenes, exklusives Fischrestaurant, das wegen seiner vielfältigen Meeresspezialitäten bei den Einheimischen beliebt ist. Von seiner Terrasse öffnet sich ein zauberhafter Blick auf die Altstadt und das Meer bis zur Insel Ugljan.

Konoba Martinać, A. Paravije 7, Zadar, Tel. 023/ 25 07 53. Einfache, gemütliche Konoba in einer Seitengasse nahe der Kirche Gospe od Kaštela. Spezialität: Fisch, Meeresfrüchte und Tintenfisch-Risotto.

Riva-Dalmacija, Zagrebačka 7, Zadar, Tel. 023/31 30 12, www.rivadalmacija.com. Deftig-rustikale Grillspezialitäten zu vernünftigen Preisen.

2 Ugljan

Ein schwimmender Garten mit Festungsberg.

Vor Zadars Küste breitet sich ein beinahe unüberschaubares Gewirr kleinerer und größerer Eilande und Felsriffe aus. Die dem norddalmatinischen Touristenzentrum am nächsten gelegene Insel Ugljan (52 km², 7500 Einw.) ist nicht die größte, aber die am dichtesten besiedelte des Archipels. Auf den Feldern des sanft hügeligen Eilandes gedeihen Obst und Gemüse, an den sonnigen Hängen reifen Weintrauben, Feigen und Oliven. Das subtropische Grün verlockte schon die Römer dazu, hier ihre Sommerresidenzen zu errichten. Heute sind es die Einwohner von Zadar, die ihre Wochenenden mit Vorliebe auf Ugljan verbringen. Da zahlreiche Inselbewohner auf dem Festland arbeiten, bestehen gute Fährverbindungen nach Zadar.

Preko

Die Fähren aus Zadar und von den umliegenden Eilanden legen im Fischerort Preko (1800 Einw.) an, dem Zentrum der lang gestreckten Insel. Am kleinen Hafenbecken öffnet sich ein von Palmen beschatteter Platz mit Cafés. Ein herrliches Panorama gewährt die Burgruine TOP TIPP **Sveti Mihovil** (St. Michael). Vom Hafen erreicht man die auf der Spitze des mit 265 m zweithöchsten Inselberges *Veliki Brodo* thronende mittelalterliche Festung (13. Jh.) über eine schmale Teerstraße. Viel schöner ist es aber, zu Fuß (ca. 1 Std.) durch Olivenhaine und Macchia hinaufzuspazieren und dabei die herrliche Aussicht zu genießen. Die Ruine selbst ist in keinem guten Zustand und wird von großen Antennenmasten dominiert – aber das Panorama ist den Aufstieg dennoch wert.

In den Sommermonaten verkehren *Taxiboote* zwischen dem Fischerhafen und der nur einen Steinwurf vor Preko im Meer liegenden **Klosterinsel Galevac**. Hier errichteten Franziskaner 1443 ein Kloster, das auf Anfrage besichtigt werden kann (Tel. 023/28 64 55).

Ugljan

Über die Hauptstraße, die die Insel Ugljan auf ganzer Länge durchzieht, erreicht man nach wenigen Kilometern das Städtchen Ugljan (1100 Einw.). Die Bewohner leben seit jeher von der Landwirtschaft und vom Fischfang. Am nördlichen Ende der Uferstraße öffnet sich eine kleine, romantische Bucht mit flachem Sandstrand und einem Café. Jenseits der Bucht liegt im Schatten alter Kiefern ein 1439 errichtetes **Franziskanerinnenkloster**, das Frauen auf Anfrage Unterkunft gewährt (Tel. 023/28 80 91). Im Kreuzgang (16. Jh.) ist die Grabplatte des Bischofs *Šimun Kožičić* zu besichtigen, der Anfang des 16. Jh. in Rijeka die erste Druckerei gründete, die Bücher in Glagoliza herstellte.

Kukljica

Ganz im Osten der Insel liegt das Fischerdorf Kukljica. Da sich in seiner Umgebung die schönsten Badereviere von Ugljan befinden, ist der Tourismus hier am weitesten entwickelt. Besonders schön ist die von Aleppokiefern umschlossene Bucht von **Kostanj** mit der Hotelanlage *Zelena Punta*.

i Praktische Hinweise

Information

TZ Preko, Magazin br 8., 23273 Preko, Tel. 023/28 61 08, tz.preko.hr

TZ Ugljan, Šimuna Kozicica Benje 17, 23275 Ugljan, Tel. 023/28 80 11, www.ugljan.hr

TZ Kukljica, Street II, number 87, 23271 Kukljica, Tel. 023/37 32 76, www.kukljica.hr

Hotels

***__Villa Stari Dvor__, Batalaža 7, Ugljan, Tel. 023/28 86 88, www.staridvor.hr. Angenehme Pension mit Restaurant, das gute dalmatinische Gerichte serviert.

***__Zelena Punta__, Kukljica, Tel. 023/37 33 38, www.zelenapunta.hr. Der große, moderne Apartmentkomplex im Kiefernwald bietet einen eigenen Strand, Tennisplätze und Tauchschule sowie Bootsausflüge in den Kornaten-Nationalpark.

Restaurant

Barbara, Put Jerolimovih 4, Preko, Tel. 023/28 61 29. Sympathische Konoba an der Uferpromenade, preiswert.

3 Pašman

Vom Tourismus noch unentdeckte Garteninsel mit zauberhaften Klöstern.

Bis zum Ende des 19. Jh. waren Ugljan und Pašman durch eine Landenge miteinander verbunden. Um den Schiffsverkehr im Archipel von Zadar zu erleichtern, hob man 1883 einen 4 m tiefen Graben aus. Seit 1973 führt eine 200 m lange Brücke von einem Eiland zum anderen. Pašman (63 km^2, 3600 Einw.) ist größer, aber weniger fruchtbar als die Nachbarinsel Ugljan. Die Ortschaften liegen allesamt an der flachen Festlandseite, dahinter steigt das Land bis auf 274 m an, um an der unbewohnten Südwestküste steil abzufallen. Vom Tourismus ist Pašman bislang fast unentdeckt. Die Bewohner leben von der Landwirtschaft und der Fischerei, oder sie arbeiten in Zadar und Biograd, mit denen die Insel durch eine Autofähre verbunden ist.

Pašman und Kraj

›Inselhauptstadt‹ ist der kleine Küstenort **Pašman** (450 Einw.), der keine Sehenswürdigkeiten zu bieten hat, dafür aber eine sympathische Pension und ein Restaurant mit Meeresblick.

Nur 2 km südlich liegt **Kraj**, das von Pašman aus über die einzige Inselstraße, aber auch auf einem schönen Küstenpfad zu erreichen ist. Außerhalb von Kraj lädt das im 14. Jh. errichtete Franziskanerkloster **Sveti Duje** (St. Domnius) zu einem Besuch ein. Dank einfacher, aber schöner Gästezimmer in den alten Gemäuern ist das Kloster ein zauberhafter Platz zum Übernachten. Das Refektorium wurde in ein stilvolles **Restaurant** umgewandelt, und der Renaissancekreuzgang lädt zum kontemplativen Verweilen ein. Das kleine **Museum** (Mo–Sa 16–18 Uhr) präsentiert

Der hübsche Fischerort Preko besitzt den einzigen Fährhafen der Insel Ugljan

Norddalmatinische Inseln
1–8, 11–16, 18
0 10km
Strand
Autofähre
Ist 6
Ist
Zapuntel
Tramerka
Molat 6
Molat
Vir
Lozice
Vir
Povljana
Lukovo Šugarje
Velebit
Veli Rat
Božava
6 Sestrunj
Sestrunj
Rivanj
Rivanj
Pag
Dinjiška
E65
Baric-Draga
Privlaka
8
Nin
8
Rtina
Brbinj
Ugljan
Petrčane
Ražanac
Dugi Otok 5
Savar
Iž 4
Ugljan 2
Poljica
Veli Iž
Preko
1 Zadar
Vinjerac
Rava
Kali
Murvica
Mali Iž
16
17
15
Zaglav
Kukljica
Posedarje
Marina Dalmacija
Sukošan
Sali
Ždrelac
Lavdara
Pašman 3
Novigrad
Telaščica
1
18
Smilčić
8
Gorica
Sit
Pašman
Sveti Filip i Jakov
Levrnaka
Kraj
Žut
Biograd na Moru
Tkon
11
19
Benkovac
Kornat
Pakoštane
Vrana
12
Lisičić
Piškera
Kornaten-Archipel
Lavsa
7
Vrgada
Vransko jezero
E65
Murter
Stankovci
Betina
E45
Nationalpark Kornaten
Smokvica
Murter
14
20
Tisno
Makirina
Pirovac
Kurba Vela
Jezera
13
1
Kakan
Gračac
Žirje
Kaprije
Vodice
Žirje
15
Prvic
N
Majan
18
16
Šibenik
21
Archipel von Šibenik
Zlarin

Gottesmutter mit Jesuskind über dem Hauptportal des Benedikterkosters Ćokovac

ein Sammelsurium antiker Funde, historischer Waffen, Münzen, religiöser Bilder und erinnert an einen Trödelladen.

Tkon

Als Fährort ist Tkon etwas belebter als Pašman. Um den weiten Dorfplatz am Kai sitzt man vor der Bar, um das muntere Treiben am Hafen zu beobachten. Abgesehen davon hat die Ortschaft keine Attraktionen zu bieten.

Außerhalb von Tkon allerdings befindet sich auf dem Hügel Čokovac das im 12. Jh. erbaute, den beiden Heiligen Sveti Kuzme i Damjana geweihte **Benediktinerkloster Ćokovac** (www.benediktinci.hr, Juni–Sept. Mo–Sa 16–18 Uhr oder nach Anmeldung Tel. 023/28 52 63) – ein Kleinod, das man nicht verpassen sollte. Die winzige Abtei wurde von Benediktinern aus Biograd gegründet, nachdem Venedig 1125 die Küstenstadt zerstört hatte. Doch auch die festungsartige Inselzuflucht blieb von Angriffen nicht verschont, wurde wiederholt schwer beschädigt, aber immer wieder aufgebaut, zuletzt 1369. Im kroatisch-serbischen Krieg Anfang der 1990er-Jahre nahmen die Serben das Klösterchen unter Beschuss, verfehlten ihr Ziel jedoch. Dass das militärisch absolut unbedeutende Kloster ins Visier genommen wurde, liegt an seiner wichtigen Rolle, die es für die katholischen Kroaten spielt. Denn im Mittelalter war die Abtei ein Zentrum der kroatischen Kultur, in geheimen Seminaren wurde die glagolitische Schrift gelehrt. Von dieser Zeit zeugen in Glagoliza verfasste Bücher und Steintafeln im *Klostermuseum*. Heute ist die Anlage nur noch von wenigen Mönchen bewohnt, die die Besucher gerne herumführen.

TOP TIPP

i Praktische Hinweise

Information

TZO Pašman, 23262 Pašman, Tel. 023/26 01 55, www.pasman.hr

Unterkünfte

Marija, Pašman, Tel. 023/26 01 11. Einladende Pension des gastfreundlichen Ehepaars Krunoslav und Marija, das hervorragendes Essen bereitet und auch zum Grillabend, zum Angeln oder zu Ausflügen im eigenen Boot einlädt.

Sveti Duje, Kraj, Tel. 023/28 52 71. Das Franziskanerkloster bietet einfach ausgestattete, aber sehr stilvolle Zimmer in ruhiger Lage (nur Gruppen auf Anfrage).

Restaurants

Lanterna, Pašman, Tel. 023/26 01 79, www.lanterna.hr. Einfaches Restaurant mit guter Küche, von der Terrasse bietet sich ein schöner Blick übers Meer.

Tamaris, Pašman, Tel. 023/26 00 22. Hübsches Restaurant, das inseltypische Spezialitäten und verschiedene Fischgerichte serviert.

4 Iž

Wo der Inselkönig gekrönt wird.

Nur gute 16 km² groß ist die von Macchia überzogene Insel Iž, die sich zwischen Ugljan und Dugi Otok aus der Adria erhebt. In den zwei stillen, an der Nordostküste gelegenen Dörfchen **Veli Iž** und **Mali Iž** (Alt- und Neu-Iž) gehen die etwa 600 Insulaner ihrem einfachen Leben als Bauern, Hirten und Fischer nach. Hier haben sich alte Traditionen erhalten. Weit bekannt sind die **Töpferwaren**, einfache, fast schmucklose Gebrauchsgegenstände. Sie bestehen aus 80 % Ton und 20 % Kalzit, der als Bindemittel verwendet wird und für den weißlichen Glanz der Gefäße verantwortlich ist. Heute gehen nur noch zwei Meister diesem an der dalmatinischen Küste einzig auf Iž beheimateten Handwerk nach.

TOP TIPP Ein buntes Volksfest erlebt der Ort alljährlich im August beim **Iška Kralj**, der Wahl des Inselkönigs. Ursprünglich fand das seit antiker Zeit überlieferte Fest am 26. Dezember statt, und der Gekrönte musste während der 12-tägigen Feierlichkeiten, die bis zum Dreikönigstag andauerten, die ganze Inselbevölkerung freihalten. Diese Tradition endete 1879, weil niemand mehr die finanziellen Mittel aufbringen konnte. Damit die Urlauber das farbenfrohe Spektakel miterleben können, wurde der Termin in die Ferienzeit verlegt. Dann werden rund um den Hafen alte Handwerke und Tänze vorgeführt und Spezialitäten angeboten. Sehenswert ist auch das **Ethnografische Museum** (Tel. 023/27 82 22, www.nmz.hr, Mitte Juni–Aug. tgl. 10–12 u. 19–21 Uhr) in Veli Iž.

i Praktische Hinweise

Information

TZO Veli Iž, 23284 Veli Iž (am Hafen), Tel. 023/27 70 21

Hotel

****Korinjak**, Veli Iž, Tel. 023/27 70 64, www.korinjak.com. Hotel am Dorfrand mit gutem Restaurant, das einen schönen Blick auf die Hafenbucht bietet.

Restaurant

Lanterna, Veli Iž. Das Restaurant am Hafen ist berühmt für die besten Kalamari Kroatiens – allerdings nicht ganz billig.

5 Dugi Otok

Stilles Natur- und Taucherparadies mit hohen Klippen.

Am westlichen Rand der norddalmatinischen Inselwelt erstreckt sich Dugi Otok,

Veli Iž, beliebter Stützpunkt für Ausflüge zu den norddalmatinischen Inseln

mit 124 km^2 das größte Eiland des Archipels von Zadar. Obwohl die ›Lange Insel‹ (52 km lang, aber nur bis zu 4 km breit), wie ihr Name übersetzt lautet, kaum eine Schiffsstunde vom grünen Ugljan entfernt liegt, ist sie landschaftlich völlig andersartig. Struppiges Buschwerk, karge Weiden und nackter Fels überziehen weite Teile des Eilands. Landwirtschaft ist nur an wenigen Stellen möglich, sodass die Insel lange Zeit kaum besiedelt war. Erst im 15. Jh. suchten Festländer, die vor den Türken flohen, auf Dugi Otok Schutz. Ihre einzige Einkommensquelle war das Meer. Und bis heute leben die 2000 Insulaner größtenteils vom Fischfang, obwohl inzwischen Segler und Taucher das buchtenreiche Naturjuwel entdeckt haben.

Sali

Das Fischerdorf Sali (900 Einw.), hier legen die Fähren aus Zadar an, ist Hauptort und Verwaltungszentrum der Insel. Seit mehr als 1000 Jahren, so belegt eine Urkunde aus dem Jahr 990, sind die Menschen von Sali Fischer. Noch immer dümpelt eine große Flotte im Hafen des beschaulichen Dörfchens an der Südostküste, doch etliche Boote fahren nicht mehr zum Fischfang aus, sondern bieten Ausflugsfahrten in die Umgebung an. Der Ort selbst, der sich mehr und mehr zu einer Versorgungsstation für Segler entwickelt, besitzt einen interessanten **Friedhof**, auf dem die Toten nicht in der Erde, sondern in Felsenhöhlen beigesetzt werden. Die in den Fels gesprengten Gruften sind mit großen Steinplatten verschlossen.

Der Inselsüden

Auf einer anstrengenden, aber erlebnisreichen Tour kann man den Südzipfel von Dugi Otok erwandern. Die Telašćica-Bucht, der Salzsee Mir und die Klippen an der Außenküste stehen wegen ihrer Einzigartigkeit als **Naturpark Telašćica** (www.telascica.hr) unter Schutz.

Auf mehr als 10 km spaltet die **Telašćica-Bucht** den Kalkfels der Insel und bildet damit die größte Bucht und zugleich den besten Naturhafen der Region. Wo schon Römerflotten Schutz fanden, ankert heute eine Armada von Freizeitkapitänen, um im kristallklaren Wasser Badefreuden zu frönen. Am eindrucksvollsten erlebt man die Bucht vom Wasser aus. Hier glaubt man, eine Kette miteinander verbundener Seen zu durchfahren. Doch auch der Blick von der

Die zerklüftete Südküste von Dugi Otok fällt steil ins Meer ab

Landseite auf das tiefblaue Wasser zwischen weißem Kalkfels und grünen Aleppokiefern ist bezaubernd. Zur Telašćica-Bucht führt eine holprige Straße. Nur zu Fuß zu erreichen sind dagegen die Klippen und der **Salzsee Mir**, der auf der schmalen Landzunge zwischen Bucht und Meer tiefblau aus dem Kalkfels blinkt. Der 1000 m lange und bis 300 m breite See wird unterirdisch vom Meer gespeist. Das imposanteste Erlebnis sind jedoch die schwindelerregenden **Klippen**, die an der Außenküste bis zu 160 m senkrecht ins Meer abstürzen.

Der Inselnorden

Die Inselstraße, die Dugi Otok auf ganzer Länge durchzieht, ist eine der landschaftlich schönsten Routen der dalmatinischen Eilande. In zahllosen Kurven schwingt sie sich – meist hoch über dem Meer – durch Kräuterwiesen, Olivenhaine und Weingärten und bietet nach jeder Kehre einen neuen Ausblick auf die zerfranste Küstenlinie. Auf halber Strecke erblickt man den Weiler **Savar**, dessen Häuschen sich malerisch um eine Bucht scharen. Hier lohnt ein Halt, denn auf dem Friedhof der Ortschaft, der sich auf einer von Kiefern bewachsenen Halbinsel befindet, kann die Kirche **Sveti Pelegrin** (St. Pelegrin), die zu den bedeutendsten altkroatischen Sakralbauten zählt, besichtigt werden. Der älteste Teil des Gotteshauses, der von einer Kuppel überspannte Altarraum aus dem 9. Jh., besitzt Puppenstubenformat.

Wenige Kilometer weiter liegt das Dorf **Božava** (160 Einw.), das dank schöner Strände das touristische Zentrum der Insel ist. Steile Treppen führen zwischen geduckten Häuschen hinunter zur Bucht und dem romantischen *Hafen* mit Bars und Restaurants. Besonders beliebt ist Božava bei *Tauchern*, denn mit den imposanten Riffen und der außergewöhnlich vielfältigen Meeresflora und -fauna gilt die Region als das eindrucksvollste Unterwasserrevier in Dalmatien. Der schönste **Badestrand** liegt rund 3 km von Božava entfernt an der Außenküste. Rings

TOP TIPP

um die weite Bucht **Sakarun** zieht sich ein herrlicher Küstensaum aus feinkörnigem schneeweißem Sand, der dem Wasser eine türkisgrüne Farbe verleiht. Achtung: Durch Änderungen von Windrichtung und Strömung kann der Sand zeitweise durch Kies sowie Pflanzenreste ersetzt werden. Die Inselstraße endet am nördlichen Kap **Veli Rat** mit dem 45 m hohen Leuchtturm, einem der höchsten und ältesten Kroatiens. In der Nähe befinden sich schöne Kiesstrände, Picknickplätze und Spazierwege.

i Praktische Hinweise

Information

TZO Sali, Obala Petra Lorinija b.b., 23281 Sali, Tel. 023/37 70 94, www.dugiotok.hr

Hotels

******Bozava Hotels**, Božava, Tel. 023/29 12 91, www.hoteli-bozava.hr. Außerhalb des Dorfes im Kiefernwäldchen gelegener Komplex aus vier unterschiedlich ausgestatteten Hotels mit einer deutschen Tauchschule.

*****Sali**, Sali, Tel. 023/37 70 49, www.hotel-sali.hr. Hotel in ruhiger Lage im Kiefernwald außerhalb der Ortschaft Sali. Alle Zimmer haben Balkon mit Meeresblick.

Apartments Gorgonia, Veli Rat, Verunić, Dugi Otok, Tel. 023/37 81 53, im Winter: Tel. 00 41/91/9 94 41 19 (Schweiz), www.gorgonia.hr. Traumhaft ruhig an der Pantera-Bucht gelegenes Haus, Apartments mit Balkon, Terrasse und Grillplatz. Die sympathischen Inhaber sorgen für eine nette Atmosphäre.

An die Telašćica-Bucht im Süden von Dugi Otok schließt sich der Archipel der Kornaten an

Robinson lässt grüßen – stille Badereviere auf den Inseln nahe der Küste von Dugi Otok

Restaurants

Gorgonia, Veli Rat, Verunić, Tel. 023/37 81 53. Schöne Lage direkt am Meer, leckere dalmatinische Gerichte. Vieles davon kommt direkt frisch vom Grill auf die Teller der Gäste. Spezialität: Gegrillte Calamari mit Mangold.

Taverna Goro, Magrovica, Bucht von Telašćica, Tel. 098/85 34 34. Es geht gemütlich und traditionell zu in dieser Taverne, deren Pekka – in einer Kasserolle gegarte Speisen aus Fisch oder Fleisch – weithin gerühmt werden.

6 Sestrunj, Molat, Ist

Archipel fern der touristischen Reiserouten.

Nördlich von Ugljan und Dugi Otok schließt sich eine Kette kleinerer Inseln an, die vom Tourismus noch weitgehend unberührt ist. Die Eilande sind das ideale Ziel für Urlauber, die beschauliche Tage in stiller Natur verbringen möchten. Schon die Anreise mit der *Fähre* (ab Zadar, Jadrolinija, Tel. 023/25 05 55, www.jadrolinija.hr), die gemächlich von Insel zu Insel tuckert, stimmt auf den idyllischen Archipel ein.

Zadar am nächsten gelegen und von dort in einer knappen Stunde zu erreichen ist **Sestrunj** (15 km², 125 Einw.), das zu den größeren Eilanden der Inselgruppe zählt. Seine Bewohner leben vor allem im gleichnamigen Dorf im Hinterland, zu dem vom Fähranleger eine holprige Straße führt. Wer hier Quartier beziehen will, sollte sich vorab nach einem der wenigen Privatzimmer erkundigen.

Das benachbarte **Molat** (23 km², 200 Einw.) ist etwas größer und mit den drei Siedlungen Molat, Brgulje und Zapuntel geradezu dicht bebaut. In dem an der *Lučina-Bucht* gelegenen Hauptort Molat stehen mehrere Privatunterkünfte zur Verfügung. Die schönste Badegelegenheit bietet der Sandstrand an der von Kiefern gesäumten *Jazine-Bucht* an der Nordküste.

Auf **Ist** (10 km², 150 Einw.) hat sich ein vergleichsweise lebendiger Besucherverkehr entwickelt, da hier die *Autofähre* Mali Lošinj–Zadar anlegt. Das auf der Landenge zwischen den Inselflügeln gelegene Fischerdorf Ist besticht durch seine lauschigen Restaurants an der Hafenpromenade. Spazierwege durchziehen die gesamte Insel. Besonders hübsch ist der Weg zur Kapelle auf der mit 175 m höchsten Inselerhebung *Straža*, von der man die umliegenden Eilande und Riffe überblickt.

i Praktische Hinweise

Information

TZÎ Zadar (Region Zadar), Sv. Leopolda B. Mandića 1, 23000 Zadar, Tel. Tel. 023/31 53 16, www.zadar.hr

Restaurants

Katy, Ist, Tel. 023/37 24 17. Das beste Restaurant der Insel mit großer Terrasse über der Hafenbucht. Besonders empfehlenswert sind die Fischgerichte.

Nautic, Silba, Tel. 023/37 00 73. Der Seglertreff mit einer mit Netzen und Fischergerät dekorierten überdachten Terrasse bietet ausgezeichnete Fischgerichte.

7 Kornaten-Archipel
Kornati

»Am letzten Tag der Schöpfung wollte Gott sein Werk krönen, und so schuf er die Kornaten aus Tränen, Sternen und dem Hauch des Atems.«

George Bernard Shaw

Wie Ketten weißer Perlen leuchten die Inseln der Kornaten zwischen Dugi Otok und Žirje aus dem klaren Blau der Adria:

Die Insellandschaft der Kornaten – für Bootsbesitzer ein Traumrevier

Hunderte von Eilanden und Riffen. So viele wie das Jahr Tage hat, sagt der Volksmund, 147 größere zählt die offizielle Statistik. 1980 wurde der weitgehend unbewohnte labyrinthische Archipel als **Nationalpark** unter Schutz gestellt. Von seinen 234 km² entfallen nur 69 km² auf die Inseln, der Rest ist maritimes Schutzgebiet, in dessen klarem Wasser eine ungewöhnlich artenreiche Meeresfauna und -flora heimisch ist.

Der Name des Archipels leitet sich vom lateinischen ›corona‹ (Krone) ab, und tatsächlich sind die Inseln nichts anderes als die Gipfel im Meer versunkener Gebirgszüge. Siedlungen mit einer Hand voll Hirten und Fischern gibt es nur auf den außerhalb des Parks gelegenen beiden größten Inseln: **Kornat** (33 km²) und **Žut** (15 km²). Doch auch sie sind nur im Sommer bewohnt, denn auf den Eilanden aus nacktem oder von karger Kräuterflora bedecktem Kalkfels gibt es keine Wasserquellen. Dafür zeigen sie die ganze Formenvielfalt der Karstphänomene wie Höhlen, Karren und Dolinen sowie schräg gestellte Felsplatten mit bis zu 80 m hohen Steilklippen.

Karstphänomene

Entlang der Küste Dalmatiens erstreckt sich der **Dinarische Karst**, ein Kalkgebirge, entstanden aus den Ablagerungen eines urzeitlichen Tropenmeeres. Eine Vielzahl verschiedenartiger Phänomene lässt sich beobachten, die allesamt auf eine Eigenschaft dieses Gesteins zurückgeht: Es ist wasserlöslich! Leicht kohlensaures Regenwasser löst den Kalkfels langsam, aber stetig auf, als wäre er ein großer Zuckerblock. An der Oberfläche zerfrisst es die Felsen zu **bizarren Formen**, und im Untergrund löst es **labyrinthische Höhlensysteme** heraus. Eine auf diese Weise geschaffene Landschaft bezeichnen die Geologen als Karst.

Seit Jahrtausenden ist das Wasser am Werk. Nach dem Sprichwort ›Steter Tropfen höhlt den Stein‹ sickerte es durch Spalten in den Fels, zerfraß ihn und bohrte sich immer tiefer und tiefer. **Karstschlote** entstanden – teilweise mehrere Hundert Meter tief. Risse und Spalten wurden zu Gängen und Hallen erweitert, unterirdische Wasserläufe wuschen die Hohlräume zusätzlich aus – bis das Wasser noch tiefer sickerte und die **Karsthöhle** trockenfiel. Damit begann die zweite Phase des Höhlenbaus, die Aufbauphase. Denn der stete Tropfen löst nicht nur den Fels, er baut ihn auch wieder auf. Das Tropfwasser lagerte beim Verdunsten den gelösten Kalk als **Sinter** wieder ab. An Decke, Wänden und am Boden der Höhlen wuchsen die Tropfsteine – **Stalaktiten** an der Decke und **Stalagmiten** am Boden. Im Laufe vieler Jahrtausende entstanden daraus bizarre Figuren und Märchengebilde.

Nahezu das gesamte Kalkgebirge ist auf diese Weise ›unterkellert‹ und von einem Labyrinth verzweigter Gänge durchzogen. Ganze Flüsse verschwinden daher urplötzlich in finsteren Höhlen, um nach rätselhaften unterirdischen Wegen ebenso unerwartet wieder ans Tageslicht zu brechen. Da sich das Wasser an der Oberfläche erwärmt, kann es nicht mehr so viel Kalk speichern wie das kalte Wasser unter der Erde und beginnt ihn als **Kalktuff** abzulagern [s. S. 42]. Im Küstengebirge verschwinden viele Flüsse aber auch auf Nimmerwiedersehen, um erst unter der Meeresoberfläche in die Adria zu münden. Diese **Vrulje** genannten Süßwasserquellen im Meer sind an ihrer gekräuselten Oberfläche zu erkennen und verleihen dem Wasser eine besonders intensive blaugrüne Färbung.

Wenn die Decken der unterirdischen Hohlräume an einzelnen Stellen einstürzen, entstehen trichterförmige Vertiefungen, sogenannte **Dolinen**, die über hundert Meter tief sein können. Durch den Einsturz ganzer Höhlensysteme entstehen große Karstsenken, **Poljen:** flache Talbecken, die von Felswänden umgeben sind und oft von einem Fluss durchströmt werden, der auf der einen Seite aus dem Fels hervorstürzt und auf der anderen Seite wieder davon verschluckt wird. In solchen Becken können sich bei der Schneeschmelze **periodische Karstseen** bilden, die regelmäßig entstehen und wieder verschwinden, sodass man dort je nach Jahreszeit entweder baden oder Heu ernten kann.

Der auf dem Kalk entstehende Verwitterungsboden ist sehr fruchtbar, und ursprünglich war der gesamte Dinarische Karst von üppigen Wäldern be-

Noch in römischer Zeit war der Archipel von Wäldern bedeckt. Als sie gerodet wurden, begann die Verkarstung: Die Erde wurde weggespült und die Felsen vom Wasser zerfressen. Zurück blieb eine bizarre Inselwelt, die heute das Dorado der Taucher und Skipper ist – mit modernen Marinas und guten Restaurants auf Žut und Piškera sowie zahlreichen Naturhäfen. Man kann Boote mit und ohne Besatzung chartern oder von Murter, Primošten, Biograd, Vodice und Šibenik aus an Ausflügen teilnehmen.

i Praktische Hinweise

Information

Kornati Nationalpark, Butina 2, 22243 Murter, Tel. 022/43 57 40, www.np-kornati.hr

Tagesausflüge zu den Kornaten bieten mehrere Agenturen an, u.a.:

Agentur Atlas, Hrvatskih vladara 8, Murter, Tel. 022/43 40 17

Agentur Plava Laguna, Zadar, Tel. 098/87 57 46, www.kornat-excursions.hr. Start um 8 Uhr an der Marina in Borik, Zadar.

deckt. Doch bereits die Römer und später die Venezianer schlugen die Karstwälder kahl. Heftige Winde, die Bora, fegten die bloßgelegte Krume davon, und Regen wusch den Felsgrund blank. Zurück blieben nackter Fels und ödes Heideland. Nur in den Dolinen und Poljen wurden kleine Inselchen fruchtbarer Lehmerde zusammengewaschen, die durch sorgsam aufgeschichtete Steinmauern geschützt werden müssen. Da das wasserdurchlässige Gestein ohne schützende Humusschicht selbst starke Regengüsse rasch verschluckt, ist das dinarische Karstland heute überwiegend ein trockenes Land, das sich als karge Trockensteppe präsentiert, oft auch als reine Steinwüste.

Der blanke Fels – auch als **nackter Karst** bezeichnet – wird ebenfalls vom Wasser zerfressen, sodass bizarre Felsgebilde, Canyons und wilde Schluchten [s. S. 39] entstanden sind. An der Oberfläche abfließendes Wasser löst aus den massiven Kalkplatten zunächst ein filigranes Muster feiner Rillen, **Rillenkarren**, die an kannelierte Säulen erinnern. Dazwischen bleiben messerscharfe Grate stehen. Tausend Jahre dauert es, um nur etwa 1–2 cm tiefe Rillen zu schaffen. Aber die Schöpfung hat viel Zeit, und an vielen Stellen sind bereits ganze Labyrinthe aus metertiefen Rinnen entstanden, die als **Karrenfelder** bezeichnet werden. Am Grund dieser Rinnen kann sich die fruchtbare Erde sammeln wie in Blumenkästen, sodass mitten in der felsigen Einöde eine reiche Vielfalt oft seltener Blumenarten gedeiht. Erstaunliche Kontraste einer Natur, in der Felsenwüste und üppiger Pflanzenreichtum so eng verflochten sind!

8 Nin

Die Wiege der Nation.

Die alte Königsstadt Nin liegt 20 km nördlich von Zadar auf einer kleinen, über Brücken zu erreichenden Insel, die noch von Resten der mittelalterlichen Stadtmauer eingefasst ist. So bescheiden sich der Ort heute zeigt, so wichtig war seine Rolle bei der Entstehung eines unabhängigen kroatischen Königreiches am Ende des 9. Jh. vor Chr.

Kleinod altkroatischer Architektur – die Kreuzkuppelkirche Sveti Križ in Nin

Bereits unter den Illyrern und Römern besiedelt, begann der Aufstieg 846, als *Fürst Trpimir* die erste kroatische Herrscherdynastie begründete und Nin zu seiner Residenz machte. Sein Nachfolger *Fürst Branimir* erklärte 879 seine Treue zum christlichen Glauben, worauf *Papst Johannes VIII.* den ersten selbstständigen Staat Kroatien offiziell anerkannte. Bis heute als *Nationalheld* verehrt wird *Grgur Ninski*, der dritte Bischof von Nin. Er führte einen unerschrockenen Kampf für eine kroatische Volkskirche und setzte gegen Rom durch, dass in der Liturgie anstatt des den Kroaten unverständlichen Lateins **Glagoliza** verwendet wurde. Nins Niedergang kam 1646, als Venedig, das 1409 die Herrschaft übernommen hatte, die Stadt räumen und zerstören ließ, damit sie den vordrängenden Türken nicht als Stützpunkt dienen konnte.

Heute sind nur noch wenige historische Bauwerke in Nin erhalten, doch diese zählen zu den kulturhistorisch bedeutendsten Kroatiens. Auf einem Hügel vor der Ortschaft thront die im 11. Jh. aus hellem Naturstein erbaute Kreuzkuppelkirche **Sveti Nikola** (St. Nikolaus). Im 16. Jh., während der Türkenkriege, wurde die Kuppel des winzigen Zentralbaus durch einen zinnenbewehrten Turm ersetzt – zusammen mit der ausladenden Pinie ein malerisches Motiv.

Im Zentrum von Nin erhebt sich die Pfarrkirche **Sveti Anzelmo**, die auf den Resten eines frühchristlichen Gotteshauses erbaut wurde und in ihrer heuti-

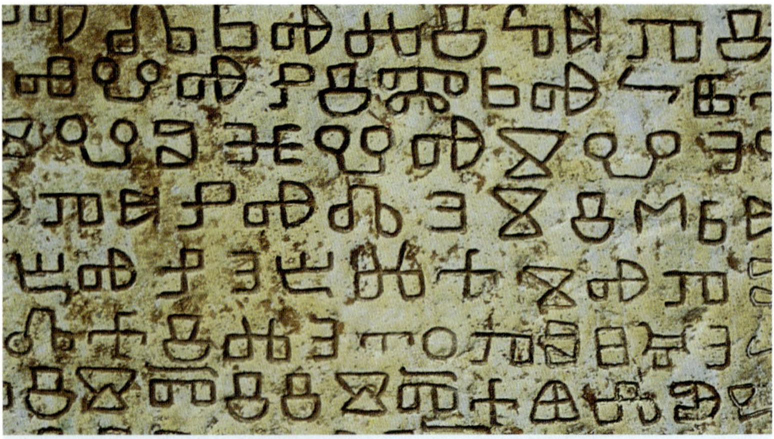

Die von Slawenapostel Kyrillos um 860 entwickelte glagolitische Schrift

Glagoliza, Kyrilliza und die Christianisierung des Balkans

Die Glagoliza ist neben der Kyrilliza die zweite Form der kirchenslawischen Schriften. Die ältere bulgarische oder **runde Glagoliza** wurde bereits ab dem 10. Jh. durch die einfachere Kyrilliza verdrängt, während sich die kroatische oder **eckige Glagoliza** bis in die Neuzeit erhalten hat.

Der griechische Slawenapostel **Kyrillos** war vom byzantinischen Kaiser Michael III. 864 zusammen mit seinem Bruder **Methodios** nach Kroatien geschickt worden, um der römisch-katholischen Missionstätigkeit der Franken unter Karl dem Großen mit byzantinisch-orthodoxer Missionierung Konkurrenz zu machen. Ein Bekehrungswerkzeug war die um 860 von Kyrillos entwickelte glagolitische Schrift. Sie hatte die Aufgabe, Slawen und Kroaten, die des Lateinischen nicht mächtig waren, religiöse Texte und Predigten verständlich zu machen.

Die in ihrer ursprünglichen Form 38 Buchstaben umfassende Schrift basierte auf den griechischen **Kleinbuchstaben**, die Kyrillos den phonetischen Besonderheiten des Altslawischen anpasste. Eines der ältesten Dokumente in kroatischer Glagoliza ist die um 1100 entstandene **Tafel von Baška** (Akademie der Wissenschaft und Künste, Zagreb). Auch die in anderen Gebieten des Balkans gebräuchliche, aus den griechischen **Großbuchstaben** entwickelte Kyrilliza wird (vermutlich zu Unrecht) Kyrillos zugeschrieben.

In Kroatien wurde die Glagoliza, die zu einem **Symbol des Widerstandes** gegen römische Fremdherrschaft und lateinischen Klerus geworden war, 1060 verboten. Die lateinische Schrift und die römisch-katholische Liturgie wurden durchgesetzt, Papst Innozenz IV. aber ließ 1248 die Glagoliza und ihre Verwendung in der Liturgie wieder zu. Sie blieb in einigen Regionen Kroatiens – parallel zur lateinischen Schrift – bis ins 20. Jh. gebräuchlich.

Die Schriften und Liturgien signalisieren zugleich die unterschiedliche kulturelle Entwicklung der Balkan-Völker: Während die Slowenen und Kroaten die römisch-katholische Konfession annahmen und das lateinische Alphabet verwendeten, übernahmen die Serben und Bulgaren den orthodoxen Glauben und die kyrillische Schrift – eine tiefe Spaltung, die sich bis in unsere Zeit unheilvoll auswirkt.

gen Form überwiegend aus dem 18. Jh. stammt. In der *Schatzkammer* (Mitte Juni–Mitte Sept. tgl 10.30–12.30, 18.30–21.30 Uhr) werden neben wertvollen Gold- und Silberschmiedearbeiten auch Reliquien aus dem 9.–14. Jh. aufbewahrt, darunter eine Hand- und eine Schulterreliquie des hl. Anselmus.

Nach wenigen Schritten erreicht man das von viel Grün umgebene bekannteste Bauwerk von Nin, **Sveti Križ** (Heiliges Kreuz). Die strahlend weiß verputzte

Kreuzkuppelkirche aus dem 9. Jh. ist eine der ältesten und am besten erhaltenen altkroatischen Gotteshäuser. Die Inschrift über dem Eingang, eine der frühesten Kroatiens, nennt König Godežav. Da Sveti Križ einst vermutlich Bischofssitz war, wird das Kirchlein auch als kleinste Kathedrale der Christenheit bezeichnet. Schräg gegenüber steht die von *Ivan Meštrović* geschaffene Bronzestatue des Bischofs *Grgur Ninski*. Die antiken Baureste neben dem Kirchlein sind die Fundamente von einem der größten Tempel der Römerzeit auf dem Gebiet des heutigen Kroatien. Sieben der zahlreichen eindrucksvollen Kaiserstatuen, die ihn einst zierten, sind heute im *Archäologischen Museum* in Zadar zu bestaunen [s. S. 22].

Bei einem Bummel durch die stillen Gassen entdeckt man korinthische Säulenfragmente, die als Grundstücksbegrenzungen oder Poller Verwendung finden. Weitere antike Fundstücke können im **Museum der Nin-Antiken** (Muzej Ninskih Starina, Tel. 023/264160, www.amzd.hr, Mai Mo–Sa 9–14 Uhr, Juni/Sept. tägl. 9–20 Uhr, Juli/Aug. tägl. 9–22 Uhr) nahe der Pfarrkirche besichtigt werden. Interessantestes Exponat ist eine Nachbildung des in Nin gefundenen Taufbeckens des Fürsten *Višeslav* (9. Jh.). Das Original wird in Split aufbewahrt [s. S. 75].

Herrliche Bademöglichkeiten bieten die bis auf ein paar Einheimische menschenleeren Sandstrände **Ždrijac** und **Pliša blato**, die am Ortsrand die seichte Bucht von Nin säumen.

TOP TIPP

Praktische Hinweise

Information

TZG Nin, Trg braće Radića 3, 23232 Nin, Tel. 023/265247, www.nin.hr

Hotel

*****Aparthotel Lekavski**, Draznikova 15, Zaton bei Nin, Tel. 023/265888, www.lekavski.de. Gut ausgestattetes Hotel mit Zimmern und Apartments, nahe der Sandstrände von Zaton.

Restaurant

Restaurant Sokol, Tartaro d.o.o., Nin, Tel. 023/264412. Im historischen Zentrum mit schattigem Innenhof direkt hinter dem Stadttor. Hier kann man die regionale Spezialität ›Šokol‹ kosten, nach der das Restaurant benannt ist: geräucherter Schweinenacken, konserviert in Meeressalz und Gewürzen.

9 Nationalpark Paklenica
Nacionalni park Paklenica

Die wilden Schluchten des Nationalparks sind ein Dorado für Freikletterer.

Idealer Ausgangspunkt für Ausflüge in den Nationalpark Paklenica ist das Hafenstädtchen **Starigrad-Paklenica**, wo es auch ausreichend Unterkünfte gibt.

Am südlichen Rand der Gebirgskette *Velebit* erstreckt sich der 1949 eröffnete 102 km^2 große Nationalpark mit seinen beiden spektakulären **Karstschluchten**. Die Besucher erwartet eine fantastische Szenerie aus gigantischen, wild zerklüfteten Felswänden, durch die das Wasser zweier Wildbäche seinen Weg gefräst hat. So hat man sich als Jugendlicher die Landschaft bei der *Karl-May-Lektüre* vorgestellt, und tatsächlich dienten die Schluchten in den 1960er-Jahren als Filmkulisse für ›Old Surehand‹.

Vom Eingang des Nationalparks direkt hinter der Ortsgrenze fährt man auf einem Schotterweg noch knapp 2 km bis zum Parkplatz. Hier beginnt die Wanderung durch die 10 km lange Schlucht **Velika Paklenica**. Im imposantesten ersten Abschnitt der ›Großen Paklenica‹ rücken die Felswände immer enger zusammen. Fast senkrecht

TOP TIPP

Am seidenen Faden – die Paklenica-Schlucht ist ein Dorado für Klettersportler

ragen sie bis zu 400 m empor und lassen kaum Platz für den schmalen Pfad, der sich zwischen haushohen Felsblöcken die Klamm hinaufwindet. Dieser Felsen und die 2 km oberhalb gelegene Wand **Anića Kuk** sind das Dorado der Sportkletterer. Schließlich weitet sich die Schlucht zu einem blühenden *Tal*, in dem man bequem spazieren oder ins Hinterland des Velebit unternehmen kann.

Noch abgelegener und nur geübten Wanderern zu empfehlen ist die 7 km lange Schlucht **Mala Paklenica**, die man über die 2 km südöstlich von Starigrad gelegene Ortschaft Seline erreicht. Die ›Kleine Paklenica‹ ist 300–500 m breit und von dichtem Strauchwerk durchzogen. Doch Vorsicht in der feuchten Jahreszeit, wenn der Felspfad rutschig ist. Führt der Bach Wasser, ist die Schlucht sogar unpassierbar.

Praktische Hinweise

Information

TZO Starigrad, Trg Tome Marasovića 1, 23244 Starigrad-Paklenica, Tel. 023/ 36 92 45, www.rivijera-paklenica.hr

Ein Ausflug ins Grüne – der Nationalpark Paklenica bietet sich für ausgedehnte Wanderungen an **(oben)**. *Beeindruckendes Naturschauspiel – im Plitwitzer Nationalpark stürzt smaragdgrünes Wasser über Kalkterrassen in die Tiefe* **(rechts)**

Nationalpark-Verwaltung, Dr. Franje Tuđmana 14 a, Starigrad-Paklenica, Tel. 023/36 91 55, www.np-paklenica.hr. Hier gibt es Landkarten und es werden Trekkingtouren, ornithologische Wanderungen sowie Reittouren angeboten.

Hotels

*****Alan**, Dr. Franje Tuđmana 14, Starigrad-Paklenica, Tel. 023/20 90 50, www.hotel-alan.hr. Großes Hotel in einem Park nahe dem Strand. Zu den besonderen Attraktionen zählen das Winnetou-Museum neben dem Hotel, Exkursionen zu den Drehorten und Rafting auf der Zrmanja. Mit angeschlossenem Campingplatz.

*****Vicko**, Jose Dokoze 20, Starigrad-Paklenica, Tel. 023/36 93 04, www.hotel-vicko.hr. Nettes Familienhotel mit großer Terrasse, Café, Restaurant, Hotelstrand und der neuen 4-Sterne-Villa Vicko.

Planinarski dom Paklenica, Tel. 023/30 16 36, www.pdpaklenica.hr. Einfache Wandervereins-Hütte im Herzen des Nationalparks, ideal als Ausgangspunkt für Wanderungen.

Restaurant

Konoba Marasović, Tel. 023/20 90 50. Das Fahrzeug auf dem Platz kurz vor dem Eingang zum Nationalpark abstellen und die enge Gasse hinaufgehen. Wunderschöne Konoba in einem 300 Jahre alten renovierten Bau mit lauschigem Innenhof.

10 Nationalpark Plitwitzer Seen
Nacionalni park Plitviăka jezera

TOP TIPP *Grüne Wunderwelt aus Wald und Wasser.*

Wer hat nicht schon einmal die Verfilmungen von Karl Mays ›Winnetou‹ gese-

Urwald in Europa – an den Plitwitzer Seen zeigt sich die Natur von ihrer üppigsten Seite

Wie Wasser Dämme baut

So bizarr und komplex die Wunderwelt der **Seen** und **Tuffterrassen** im Nationalpark Plitwitzer Seen auch aussehen mag, ihre Entstehung hat eine ganz einfache Ursache: die Wasserlöslichkeit des Kalks. Ringsum auf der Hochebene versickert das Regenwasser in Tausenden von Klüften und löst das Gebirge im Laufe der Zeit von innen her allmählich auf. Tritt das **kalkhaltige Wasser** wieder an die Oberfläche, wird es erwärmt. Und je wärmer das Wasser, desto weniger Kalk kann es speichern. Also fällt er aus und setzt sich in Gestalt winziger weißer Kristalle ab. Auf dem Grund der Seen sammeln sie sich zu **weißem Kalkschlamm**, der das Licht besonders stark reflektiert und den Seen ihre geradezu unwirklich blaue und leuchtend türkisgrüne Färbung verleiht.

Moose, Äste, Algen und Laub überzieht der Kalk mit einer harten Kruste. Sie versteinern und verbacken zu einem löchrigen Tuffgestein, das der Fachmann als **Kalksinter** oder **Travertin** bezeichnet. Dieser Prozess schreitet dort am schnellsten voran, wo das Wasser durch Hindernisse aufgehalten wird und daher am flachsten und wärmsten ist. Solche Hindernisse werden folglich nicht abgetragen, sondern immer höher aufgebaut. Sie bilden **Barrieren** und **Terrassen**, die das Wasser zu Teichen und Seen stauen und immer neue Landschaften gestalten. Etwa 2–3 cm pro Jahr wachsen die **Sinterwälle**, und rund 4000 Jahre hat es gedauert, bis aus einem einfachen Flusslauf die heutigen Terrassenseen entstanden waren. Noch immer baut das Wasser weiter. Aber gelegentlich durchbricht es auch die Barrieren, sucht sich einen neuen Lauf und baut sie an anderer Stelle wieder auf: ein dynamischer Prozess stetiger Verwandlung, der ein atemberaubend schönes **Naturschauspiel** geschaffen hat.

hen? Der Nationalpark Plitwitzer Seen diente dem Apachenhäuptling in den 1960er-Jahren mehrfach als grandiose Kulisse. Vom Wasser abgelagerter Kalk hat hier Terrassen und Barrieren gebildet und ein spektakuläres Naturschauspiel aus Seen und Wasserfällen geschaffen, das als Nationalpark unter Schutz gestellt und ins UNESCO-Verzeichnis des Weltnaturerbes aufgenommen wurde. Im ganzen Gebiet gelten strikte Regeln zum Naturschutz: Baden und Wassersport sind nicht erlaubt, gewandert werden darf nur auf ausgeschilderten Routen.

Wie Perlen an einer Kette reihen sich über eine Entfernung von nur 7 km 16 Seen mit kristallklarem Wasser aneinander – getrennt durch Kalkbarrieren, über die rauschende Wasserfälle insgesamt 156 m in die Tiefe stürzen. Fast 90 % des 300 km^2

großen Nationalparks bedecken dichte Wälder – Urwälder, in denen noch heute Hirsche, Luchse, Wildkatzen, Braunbären und Wölfe leben.

Von der Küste kommend, erreicht man auf der Nationalstraße D1 Richtung Zagreb zunächst den Eingang 2 (Ulaz 2) bei den **Oberen Seen**. Ein Weg führt etwa 500 m hinab zum großen **Kozjak jezero**, an dessen Ufer zwei idyllische Picknickplätze liegen. Auf der Westseite dieses unfassbar grünen Gewässers beginnt ein Labyrinth aus Seen und Katarakten, die durch Pfade, Brücken und Holzstege erschlossen sind. Sieben Seen und zahllose Teiche liegen zwischen dem Kozjak und dem noch größeren **Prošćansko jezero**, gesäumt von Sumpfflächen und Sinterterrassen, über die das Wasser in zahlreiche Arme verästelt herunterrauscht.

Nährstoffreicher *Kalkboden* und das Wasser haben in dem von trockener Heide umgebenen Tal eine üppig wuchernde **Pflanzenwildnis** entstehen lassen, sodass man sich fast in einen tropischen Urwald versetzt fühlt. Stundenlang kann man durch diese Wildnis wandern, und wer des Wanderns müde ist, steigt hinauf zu dem Teersträßchen am Südostufer der Seen, um mit dem Panoramabus zurück zum Eingang zu fahren.

Von den Oberen zu den **Unteren Seen** kann man durch das Tal wandern oder auf der D1 zum etwa 5 km entfernten Eingang 1 (Ulaz 1) fahren, von dem ein Serpentinenweg in die Schlucht führt.

Während die Oberen Seen durch Tuffbarrieren aufgestaut wurden, sind die Unteren Seen als *Einbruchsbecken* entstanden. Hier hat sich das Wasser bis in die Schicht des Kalkgesteins gegraben, ist versickert und hat den Fels ausgehöhlt – bis die unterirdischen Hallen eingestürzt sind und diese wilde Schlucht hinterließen. Hier ist der Canyon am tiefsten, und die **Wasserfälle** sind am höchsten. 76 m stürzt das Flüsschen **Plitvica** in den Felsenkessel. Schon vom Schluchtrand, wenige Schritte vom Eingang 1 entfernt, genießt man einen grandiosen Blick in die Tiefe. Unten führen Stege bis an den tosenden Plitvice-Wasserfall heran (www.np-plitvicka-jezera.hr).

Praktische Hinweise

Information

Nationalpark-Verwaltung, Tel. 053/75 10 26, www.np-plitvicka-jezera.hr, Öffnungszeiten des Parks: Frühling/Herbst tgl. 8–18, Sommer [illegible] tgl. 9–16 Uhr. Hinweis: Di[illegible] ten sind an den einzel[illegible] gen unterschiedlich, nähe[illegible] angegebener Telefonnummer.

Tourismusverband Plitwitzer Seen, Trg sv. Jurja 6, 53230 Korenica, Tel. 053/77 67 98, www.tzplitvice.hr

Hotels

Alle drei Hotels der Plitwitzer Seen liegen im Zentrum des Parks am waldigen Westhang beim Eingang 2. Buchung auch über die *Nationalpark-Verwaltung*:

***__Jezero__, Tel. 053/75 14 00. Das Hotel verfügt über 229 Zimmer, sieben Apartments, zwei Restaurants, Whirlpool und Fitnesscenter.

**__Bellevue__, Tel. 053/75 17 00. Das Hotel garni bietet 70 Zimmer, z. T. mit Balkon.

**__Plitvice__, Tel. 053/75 12 00. Das Hotel hat 51 Zimmer, teilweise mit Balkon.

Camping

Auto-Kamp Korana, Tel. 053/75 18 88. Hübscher, aber fast schattenloser Campingplatz außerhalb des Parks nahe der Ortschaft Plitvička Jezera (Mai–Sept.).

Restaurant

Lička Kuća, Eingang 1, Tel. 053/75 10 24. Das in einem hübschen Holzgebäude untergebrachte Lokal bietet Lamm am Spieß, Forellen und Käse der Region.

Schmale Holzstege führen durch die atemberaubende Landschaft der Plitwitzer Seen

Die norddalmatinische Küste von Biograd na Moru bis Vodice – ein Paradies für Wassersportler

Hat man – vom Nationalpark Paklenica kommend – auf der Maslenica-Brücke den Meeresarm zwischen *Adria* und *Novigradsko More* überquert, so ändert sich das Landschaftsbild vollkommen: Die weißen Berge treten zurück, das Land wird grüner und der Küstensaum weitet sich. Zwischen Zadar und Šibenik erstreckt sich die hügelige Hochebene *Ravni Kotari*, fruchtbares Land mit Weinbergen, Feldern, Obstgärten und Olivenhainen. Hier beginnt die Badeküste Dalmatiens. Malerische alte Städte, belebte Strände und stille Buchten reihen sich in bunter Folge aneinander. **Biograd** ist ein beliebter Ausgangspunkt für Segelausflüge in den Kornaten-Archipel. Ein Stück weiter südlich liegt **Pakoštane** zwischen Meer und dem *Vransko jezero*. Dieser größte See Kroatiens lockt mit seinem Fischreichtum zahlreiche Angler an. Weiter streift die Küstenstraße das von Badebuchten eingerahmte **Pirovac** und erreicht kurz dahinter die Abzweigung zur Ferieninsel **Murter**, die für ihre traumhaften Buchten und Sandstrände bekannt ist. Nach einem kurzen Seitensprung ins Landesinnere führt die Adria-Magistrale schließlich in das malerische Hafenstädtchen **Vodice**, das sich dank seiner modernen Marina zu einem gefragten Ferienort entwickelt hat.

11 Biograd na Moru

Modernes Seebad mit großer Vergangenheit.

Auf dem Weg von Zadar nach Biograd na Moru bieten sich mehrere schöne Badeorte für einen Aufenthalt an. Rund 9 km südöstlich liegt an einer geschützten Bucht die **Marina Zlatna Luka** (Goldener Hafen) – mit 1400 Liegeplätzen einer der größten Jachthäfen der Adria. An ihrem anderen Ende erstreckt sich das malerische Städtchen **Sukošan**. An der Pfarrkirche *Sveti Kasijan* (St. Cassian), die im 11. Jh. erbaut und im 17. Jh. umgestaltet wurde, kann man am Giebel einer Chorschranke (11. Jh.), die über dem Seiteneingang eingemauert ist, kunstvoll verschlungene Flechtornamente (*Pleter-Motive*) entdecken. Rund um die Ortschaft gibt es zahlreiche, teils sandige, teils kieselsteinige Strände. Nach weiteren 14 km erreicht die Küstenstraße den Badeort **Sveti Filip i Jakov**, der mit seinen schönen Stränden zu erholsamen Tagen einlädt.

Biograd na Moru, 27 km südlich von Zadar, ist das Zentrum der *Biogradska Riviera*. Die Wurzeln des Badeortes reichen zurück bis in die Zeit der von Rom beherrschten Provinz Illyrien. Seine größte Blüte erlebte Biograd Ende des 11./Anfang des 12. Jh. 1059 gründete *König Petar Krešimir IV.* das Bistum Biograd, und 1102 wurde hier der ungarische *König Koloman* zum Oberhaupt der Kroaten gekrönt. 1125 belagerte und zerstörte Venedig die alte Residenz, baute sie anschließend aber wieder auf. 500 Jahre später, 1646, brannten die Biograder auf der Flucht vor den Türken ihre Stadt bis auf die Grundmauern nieder.

Großartige Baudenkmäler aus der Antike oder der glanzvollen Zeit als Königsstadt darf man hier also nicht erwarten. Dennoch hat Biograd neben der bescheidenen Pfarrkirche *Sveta Stošija* (St. Anastasia) ein echtes Highlight zu bieten, das **Zavičajni muzej** (Heimatmuseum, Obala P. Krešimira IV 20, Tel. 023/38 37 21, www.muzej-biograd.com, Juni–Sept. Mo–Fr 7–15, 19–22, Sa 9–12, 19–22, Okt.–Mai Mo–Fr 7–15 Uhr). Neben römischen und altkroatischen Funden werden Frachtstücke aus dem Wrack eines venezianischen Handelsschiffes ausgestellt, das im 16. Jh. im *Pašmanski kanal* gesunken ist, darunter zahlreiche Gegenstände und Kleidungsstücke, die ein Bild vom Alltag jener Zeit vermitteln.

Moderne Jachthäfen, schöne Strände und gute Wassersportmöglichkeiten machen Biograd na Moru zum beliebtesten Ferienort der Biogradska Riviera

Das heutige Biograd, durch Fähren mit der vorgelagerten Insel Pašman verbunden, ist ein Ferienort wie aus dem Ei gepellt. Die großzügig angelegte Uferpromenade sowie die modernen Marinas ziehen scharenweise Urlauber an. Die buchtenreiche Küste rund um die Ortschaft bietet exzellente Möglichkeiten für Wassersportler, der *Pašmanski kanal* gute Bedingungen für Surfer. Einen besonders schönen Strand findet man in der **Soline-Bucht** am südlichen Ortsrand. Und mit Taxibooten kann man sich zur FKK-Insel **Sveta Katarina** schippern lassen.

i Praktische Hinweise

Information

TZG Biograd, Trg hrvatskih velikana 2, 23210 Biograd, Tel. 023/38 31 23, www.tzg-biograd.hr

TZO Sukošan, Trg Mladeži 4, 23206 Sukošan, Tel. 023/39 33 45, www.sukosan.hr

TZO Sveti Filip i Jakov, Obala kralja Tomislava 16, 23207 Sveti Filip i Jakov, Tel. 023/38 86 31, www.sv-filipjakov.hr

Hotels

*****Bolero**, Ivana Meštrovića 1, Biograd, Tel. 023/38 68 88, www.hotel-bolero.hr. Alle Doppelzimmer mit Balkon, TV, Telefon und Zusatzbett. Im Hotel Aperitifbar, Internet-Café, Billard, Sauna. Abends Musik und Tanz.

****Croatia**, Sveti Filip i Jakov, Tel. 023/ 29 01 00, www.apartmani-croatia.com.hr. Großzügige Anlage mit 110 modernen Apartments für 2–6 Personen und einem Hotel mit Restaurant.

Restaurants

Kornati, Šetalište kneza Branimira 1, Biograd, Tel. 023/38 45 05, www.marinakornati.com. Auf dem Gelände einer Marina gelegenes Restaurant mit Blick auf das Meer und exzellenten Fisch- und Fleischgerichten.

Gušte, Kralja Petra Svačića 23, Biograd na Moru, Tel. 023/38 30 25, www.restoran-guste.com. Das beliebte Restaurant direkt am Jachthafen hat zwei Terrassen mit tollem Blick über die Marina. Vielfältige Fisch-, Fleisch- und Muschelgerichte sowie Pastas und Risottos.

Paradies für Freizeitkapitäne: Der Kanal zwischen Biograd na Moru und der Insel Pašman

Plan S. 28

In und um Pakoštane lädt eine Vielzahl schöner Buchten zum Sonnen und Baden ein

12 Pakoštane

Badestrände zwischen Salz- und Süßwasser.

Nur 800 m breit ist der Landstreifen zwischen Adria und Vransko jezero, auf dem sich **Pakoštane** erstreckt. So bietet der Ort seinen Gästen die Wahl zwischen blauem Meer und grünem See. Für den besonderen Reiz Pakoštanes sorgt ein ausgedehnter Pinienwald, der fast bis an die malerischen Strände heranreicht. Und dicht vor der Küste lockt eine Reihe winziger Eilande zu Entdeckungsfahrten mit dem Boot.

Der grüne **Vransko jezero** (Vrana-See) nahe der Adria-Magistrale ist mit einer Länge von über 12 km und einer Wasserfläche von 30 km² der größte natürliche See Kroatiens. Einst war er sogar mehr als doppelt so groß, aber um Ackerland zu gewinnen, hat man schon in osmanischer Zeit einen Kanal durch die Landenge zwischen See und Meer gegraben, sodass ein Großteil des Wassers abfloss. Dennoch ist der See bis heute ein einzigartiges *Biotop* und ein beliebtes Urlaubsziel. Sein Reichtum an Karpfen, Hechten, Aalen und Welsen lockt Angler aus ganz Europa an. Und das Sumpfland an seinem Nordufer ist ein Schutzgebiet, in dem zahlreiche Wasservögel brüten, darunter die einzige Kolonie von Purpurreihern in Kroatien.

Im nahe gelegenen Ort **Vrana** steht ein für Europa wohl einzigartiges Bauwerk: die **Maškovića Han**, eine osmanische Karawanserei, die der türkische Wesir *Jusuf Mašković* 1644 errichten ließ. Sie ist allerdings stark restaurierungsbedürftig und kann nur von außen besichtigt werden.

i Praktische Hinweise

Information

TZO Pakoštane, Trg Kraljice Jelene 78, 23211 Pakoštane, Tel. 023/38 18 92, www.pakostane.hr

Unterkunft

****Kozarica**, Pakoštane, Tel. 023/38 10 70, www.adria-more.hr. Im Kiefernwald am Ortsrand gelegene großzügige Anlage. Apartments für 4–6 Personen und ein Campingplatz. Mit Supermarkt, Café, eigenem Strand und einem großen Sportangebot.

Restaurant

Tri Ferala, Ivana Meštrovića 9, Pakoštane, Tel. 023/38 11 07, www.tri-ferala.biz. Gemütliches Restaurant im Zentrum mit hervorragender dalmatinischer Küche.

Fernab touristischer Trampelpfade – an dem für seinen Fischreichtum bekannten Vransko jezero finden Angler noch stille Plätze **(oben)**, *die Küste von Murter mit ihren zahlreichen natürlichen Häfen lädt zu ausgedehnten Segeltörns ein* **(unten)**

13 Pirovac

Badeort mit Heilschlamm.

Über den *Vransko kanal*, jene Verbindung zwischen der Adria und dem Vransko jezero, hinweg und durch flache Waldlandschaft erreicht man bald das in der Bucht gleichen Namens gelegene Städtchen Pirovac, das von mehreren malerischen Stränden umgeben ist. Ablagerungen von Heilschlamm in der *Makirina-Bucht* werden therapeutisch genutzt, Badefreuden mit Robinson-Feeling bietet das Inselchen **Sustipanac** nördlich des Ortes.

i Praktische Hinweise

Information

TZO Pirovac, Kralja Krešimira IV br. 6, 22213 Pirovac, Tel. 022/46 67 70, www.tz-pirovac.hr

Hotel

*****Miran**, Zagrebačka b.b., Pirovac, Tel. 022/46 68 03, www.rivijera.hr. Hotel mit 71 Zimmern, angeschlossener Apartmentanlage sowie Campingplatz, alles direkt am Strand. Mit Meerwasser-Schwimmbad, Tennis- und Volleyballplätzen, Möglichkeiten zum Windsurfen, Wasserskifahren u. a.

14 Murter

Sprungbrett zur norddalmatinischen Inselwelt.

Eine Klappbrücke in der Ortschaft Tisno führt auf die nur durch den schmalen *Murterski kanal* vom Festland getrennte 11 km lange und bis zu 2,8 km breite Insel Murter (19 km^2) hinüber. Das hügelige und fruchtbare Eiland im Nordwesten des *Šibeniker Archipels* begrüßt seine Besucher mit grünen Weinbergen, Obstgär-

ten und Gemüsefeldern. Ein großer Teil der gut 5000 Einwohner lebt noch immer von der Landwirtschaft und der Fischerei, doch der Tourismus wird als Erwerbszweig immer wichtiger. Dank zahlreicher malerischer Strände und großer Marinas in den drei Inselorten **Betina**, **Murter** und **Jezera** ist Murter als Ferienziel nicht nur bei kroatischen Urlaubern gefragt. Das Eiland ist eine wichtige Station für Skipper auf ihrem Segeltörn durch die norddalmatinische Inselwelt. Für Urlauber, die keine eigene Jacht zur Verfügung haben, organisieren Reisebüros Ausflüge in die Kornaten und auf einsame Inseln.

Im Sommer 2015 eröffnete in Betina das **Museum für Holzschiffbau** (Muzej betinske drvene brodogradnje, Vladimira Nazora 7, Tel. 022/43 41 05, www.mbdb.hr, Mo–Fr 9–15, Sa 9–12 Uhr). Die zeitgemäß aufbereitete Ausstellung beschäftigt sich mit dem traditionellen Holzschiffbau ebenso wie mit der Geschichte der Fischerei und der örtlichen Landwirtschaft. Außerdem gibt es zahlreiche spektakuläre Schiffs-Modelle zu sehen.

Ein Paradies für Skipper

Die Küste Kroatiens und die ihr vorgelagerten Inseln zählen zu den abwechslungsreichsten **Segelrevieren** der Welt. 1000 km misst allein die Festlandsküste. Zusammen mit den Inseln ergeben sich **5000 km Küstenlinie**. Wie viele Inseln, Eilande und Riffe im Blau der Adria schwimmen, weiß niemand so genau. Über 1000 hat man gezählt, und von ihnen sind gerade einmal 67 bewohnt.

Neben stillen Ankerplätzen in einsamen Buchten bieten **46 Marinas** mit fast durchweg hervorragender Ausstattung Liegeplätze. Alle Jachthäfen sind in der **Croatian Marinas Association HUM** (Hrvatska udruga marina, Bulevar oslobodjenja 23, Rijeka, Tel. 051/20 91 30) organisiert. 21 betreibt der **Adriatic Croatia International Club** (ACI, www.aci-club.hr), der sich durch guten Service auszeichnet. Die ausgezeichnete Infrastruktur für Wassersportler sowie günstige Winde machen die **dalmatinischen Archipele** zwischen Zadar und Dubrovnik zu einem Paradies für Segler. Und wer diese Art des Reisens erlernen möchte, für den stehen zahlreiche Segelschulen bereit, beispielsweise der **Oreb Club International** (Gradski Park, Korčula, Juni–Sept., Mobil-Tel. 099/534 13 69, www.oreb-sailing.com).

Die attraktivsten *Badereviere* von Murter befinden sich an der Westküste der Insel. Die von weißen Felsen und grünen Pinien eingefasste **Slanica-Bucht** ist mit ihrem flachen Sandstrand und dem klaren Wasser besonders bei Familien mit kleineren Kindern beliebt. Mit Hotel und Restaurants bietet die Bucht zwar Komfort, ist aber auch etwas verbaut. Ursprünglicher – und entsprechend spärlicher ausgestattet – ist die weite Bucht **Kosirina** am Südwestufer, die ganz den Campern und Windsurfern gehört.

Praktische Hinweise

Information

TZM Jezera, Put Zaratića 3, 22242 Jezera, Tel. 022/43 91 20, www.summernet.hr/jezera

TZO Murter, Rudina b.b., 22243 Murter, Tel. 022/43 49 95, www.tzo-murter.hr

TZM Betina, Dolac 2a, 22244 Betina, Tel. 022/43 65 22, www.tz-betina.hr

Hotel

*****Colentum**, Put Slanice b.b. (Slanica-Bucht), Tel. 022/43 11 00, www.hotel-colentum.com. Das mehrstöckige Hotel liegt direkt am Strand und bietet Apartments, Tenniskurse, Jetski etc.

Camping

Jezera Village, Jezera, Tel. 022/43 96 00, www.jezeravillage.com. Großer, gepflegter Platz am Murterski kanal mit makellosen Sanitäranlagen, Restaurant, Supermarkt, Tennis- und Tauchschule, Marina sowie Bootsverleih. Auch verschiedene Apartments sind in der Ferienanlage zu mieten.

Kosirina, Betina, Tel. 022/43 52 68. Einfacher, aber reizvoll auf einer Halbinsel gelegener Platz (teilweise FKK) an der gleichnamigen Bucht mit Sand- und Kiesstrand.

Restaurants

Bison, Put Goričine b.b., Murter, Tel. 022/43 46 18. Gemütliches Restaurant mittlerer Preisklasse, in dem man dem Koch bei der Arbeit zusehen kann. Spezialitäten sind Pfefferterrine und vielfältige Fischgerichte.

Carevi Dvori, Obala Sv. Ivana 13, Jezera, Tel. 022/43 90 68. Am Hafenbecken gelegenes Restaurant der gehobenen Kategorie mit kleiner Terrasse und sehr guter Küche. Besonders zu empfehlen sind die Fisch- und Muschelgerichte.

Marina, Donji kraj bb, Jezera, Tel. 022/43 92 95. Tolles Restaurant in der ACI Marina.

Nur in der Nebensaison sind die Straßen von Vodice so leer, im Sommer wird es hier quirlig

15 Vodice

Ferienzentrum mit Charme und schöner Hafenpromenade.

Während der Sommermonate, wenn die bunte Urlauberschar entlang der Hafenpromenade flaniert, kann es in Vodice mitunter etwas trubelig werden – die Altstadt mit ihren Natursteinhäusern sorgt jedoch dafür, dass der einstige Fischerort seinen heimeligen Charme bewahrt. Die moderne Marina östlich der Altstadt ist ein guter Ausgangspunkt für Segelausflüge in den nahen Archipel von Šibenik. Vodice bietet keine großen Sehenswürdigkeiten, aber eine gute touristische Infrastruktur mit Hotels, Restaurants und einem vielfältigen Sport- und Unterhaltungsangebot.

i Praktische Hinweise

Information

TZG Vodice, Vladimira Nazora b.b., 22211 Vodice, Tel. 022/44 38 88, www.vodice.hr

Hotels

*******Punta**, Grgura Ninskog 1, Vodice, Tel. 022/45 14 51, www.hotelivodice.hr. Moderner Hotelkomplex auf einer waldigen Halbinsel mit klimatisierten Zimmern, eigenem Nachtclub, Wellness-Angeboten und schönem Strand.

Villa Borgina, Ante Grgureva Kukure 22A, Vodice, Tel. 022/44 35 37, www.borgin.com. Moderne App. für 2-6 Pers. in ruhiger Lage zw. Strand (300m) und Zentrum. Sehr freundlicher Betreiber, Obst und Gemüse aus dem eigenen Garten.

Restaurants

Gušte, Mirka Zore b.b., Vodice, Tel. 091/201 75 93, www.konoba-guste.com. Urig-rustikale Konoba mit einem breiten Angebot dalmatinischer Spezialitäten, hervorragender Grillgerichte und Steaks.

Konoba Draži, Grgurev Tonča 2, Vodice, Tel. 098/43 68 24. Während an der Hafenpromenade das touristische Leben tobt, findet man in dieser etwas abseits gelegenen Konoba bestimmt einen ruhigen Platz, um köstliche Fischspezialitäten zu genießen.

Luna, Podvrh 3, Tribunj, Tel. 022/44 63 59. Von der Terrasse des empfehlenswerten Fischrestaurants bietet sich ein wunderbarer Meeresblick, groß ist die Auswahl an einheimischen Weinen.

Rico, Obala Vladimira Nazora 17, Vodice, Tel. 022/44 08 08. Schmuckes, schön eingerichtetes Lokal nahe dem Denkmal am Hafen. Leckere Fischgerichte.

MVSEV
LAŠKO
LAŠKO

Zwischen Šibenik und Trogir – mittelalterliche Städte, wilde Wasserfälle und beliebte Badeorte

An der Küste zwischen Zadar und Split liegen einige der schönsten dalmatinischen Städte, allen voran das mittelalterliche **Šibenik**, das sich terrassenförmig an einem steilen Hang erstreckt und durch seine einzigartige Kathedrale und das labyrinthische Gassengewirr begeistert. In unmittelbarer Nachbarschaft zeigt sich auch die Natur von ihrer schönsten Seite. Nur wenige Kilometer landeinwärts liegen die grandiosen Wasserfälle des **Nationalparks Krka**, die über 17 Katarakte in die Tiefe rauschen. Und vor der Küste bietet der **Archipel von Šibenik** Ruhe und Erholung. Hinter Šibenik schwingt sich die *Adria-Magistrale* wieder bis ans Ufer. Von hier bis nach Split erstreckt sich die Gartenküste Dalmatiens. Statt schroffer Felsen säumt nun fruchtbares Hügelland das blaue Meer, mit silbrig schimmernden Olivenhainen, Obstgärten und den berühmten Weinbergen von Primošten. Die Siedlungen an diesem Küstenabschnitt wurden fast alle auf festlandnahen Inseln errichtet, um Schutz vor den einfallenden Türken zu bieten. Und eine davon ist schöner als die andere: das malerisch auf einem Inselberg zusammengedrängte **Primošten**, das ruhigere **Rogoznica** und vor allem **Trogir**, eine mittelalterliche Stadtanlage wie aus dem Bilderbuch. Kurz vor Split verläuft – parallel zur Magistrale – die ›Straße der Kastelle‹. Hier wartet die Ortschaft **Kaštela** mit sage und schreibe sieben Kastellen auf.

16 Šibenik

Alte kroatische Königsstadt, am Ufer der Krka auf einem Steilfelsen thronend.

Šibenik (52 000 Einw.) liegt nahe der Krka-Mündung an einer seeartigen Erweiterung des Flusses, der sich dann auf seinen letzten Kilometern zum Meer wieder stark verschmälert. Terrassenförmig baut sich die Altstadt an einem steilen, 70 m hohen Kalkfels empor und spiegelt sich im grünblauen Wasser der weiten Bucht.

Sehen und gesehen werden – abends trifft man sich in Trogir gerne in einem der netten Cafés und Restaurants auf dem Rathausplatz. Nach dem Essen geht's bei einem Abendspaziergang durch die malerischen Gassen der Altstadt

Geschichte ›Castrum Sebenici‹ ist einer der wenigen Orte Dalmatiens, der nicht von Seefahrern gegründet wurde, sondern von **Kroaten**, die vor gut 1000 Jahren zur Küste vorstießen. Die erste urkundliche Erwähnung stammt von 1066, als sich *König Petar Krešimir IV.* hier aufhielt. 1116 eroberten die Venezianer die Hafenstadt, deren Herrschaft dauerte jedoch nur bis 1133. Dann wurde die Stadt dem **ungarisch-kroatischen Königreich** eingegliedert. *König Stjepan IV.* verlieh Šibenik 1167 das Stadtrecht und machte es zum Bischofssitz. 1412 fiel der Ort erneut an die Serenissima, wurde Anfang des 16. Jh. als Bollwerk gegen die **Türken** ausgebaut und erreichte in dieser Zeit seine höchste Blüte. Die venezianische Herrschaft dauerte bis 1796 an. Von 1797 bis 1918 gehörte Šibenik zum **Königreich Österreich-Ungarn** – unterbrochen nur durch eine kurzzeitige französische Besetzung (1805–13). Nach dem Ersten Weltkrieg wurde die Hafenstadt Italien zugeschlagen, musste jedoch durch den *Vertrag von Rapallo* 1920 an das Königreich der Serben, Kroaten und Slowenen abgetreten werden. Als Jugoslawien Anfang der 1990er-Jahre zerbrach, lag Šibenik 1991–94 unter serbischem Granatbeschuss. Die Schäden wurden rasch behoben, sodass heute nichts mehr an den Krieg erinnert. Seit 2000 gehört die Stadt zum UNESCO-Weltkulturerbe.

Besichtigung Die besten Chancen auf einen Parkplatz hat man hinter dem östlich der Altstadt gelegenen Busbahnhof. Von dort kann man am Wasser entlang zu der von Grünanlagen gesäumten Uferpromenade *Obala Oslobodenija* bummeln und erreicht schon bald die am Hang gelegene einschiffige Franziskanerklosterkirche **Sveti Frane** ❶. Im 14. Jh. errichtet, präsentiert sie sich nach mehreren Umbauten heute barock. Beachtenswert im Innenraum ist eine prachtvolle *Kassettendecke* aus dem 17. Jh., auf deren Feldern der Maler *Marco Capogrosso* Stationen aus dem Leben des Kirchenpatrons festgehalten hat. Die Klosterbibliothek birgt u.a. das *Šibeniker Gebet* aus dem 14. Jh., die älteste Handschrift kroatischer Sprache in lateinischer Schrift.

Von der Uferpromenade gelangt man über das **Seetor** ❷ (Morska vrata) in das historische Zentrum von Šibenik. Eine breit geschwungene Freitreppe führt hinauf zum *Trg Republike Hrvatske* (Platz der Republik Kroatien) und eröffnet einen großartigen Blick auf die

TOP TIPP

Katedrala Sveti Jakov ❸ (Sommer tgl. 8.30–20, Winter tgl. 8.30–12 und 16–20 Uhr). Mit seiner weißen Kuppel ragt der vollständig aus Marmor von der Insel Brač errichtete Monumentalbau aus dem Häusergewirr der Altstadt empor. 1431 begonnen und 1555 eingeweiht, vereinigt er Stilelemente aus Gotik und Renaissance und ist eine der bedeutendsten Kirchen dieser Epoche in Dalmatien. Das **Löwenportal** an der östlichen Längsseite ist der älteste Teil des Gotteshauses und stammt von einer Vorgängerkirche. Den ersten Bauabschnitt leitete der venezianische Architekt *Antonio Dalle Masegne*, der das prachtvoll verzierte **Hauptportal** mit Darstellungen der Apostel und des Jüngsten Gerichts schuf. Wesentliche Teile wurden dann jedoch ab 1441 unter dem aus Zadar stammenden Baumeister *Juraj Dalmatinac* errichtet. Nach seinem Tod 1473 führte dessen Schüler *Nikola Fiorentinac* (Niccolò di Giovanni Fiorentino) den Bau im Stil der Frührenaissance fort. Er vollendete die Dachkonstruktion, die Tonnengewölbe des Mittelschiffes und der Seitenschiffe sowie Apsiden und Kuppel, die allesamt aus ineinandergreifenden Steinplatten bestehen und ohne Mörtelverbund frei tragen. Eine für die damalige Zeit einzigartige Leistung! Um die *Chorapsiden* zieht sich im unteren Bereich ein **Porträtfries** mit 71 individuell gestalteten, teilweise fratzenhaft übersteigerten Köpfen und Gesichtern, die

Stilgemisch – während im Untergeschoss der Kathedrale von Šibenik die Spätgotik dominiert, setzte sich im Obergeschoss die Renaissance durch **(oben)**. *Ein bewegtes Leben – die Kassettendecke von Sveti Frane zeigt Szenen aus dem Leben des hl. Franziskus* **(unten)**

das bildhauerische Können Dalmatinac' dokumentieren. Dargestellt hat der Meister Zeitgenossen und Bürger Šibeniks: Fischer und Bauern, Gemeine und Edelleute, die allesamt – so sagt man – zu knauserig waren, um ihr Scherflein zum Bau der Kirche beizutragen.

Das **Innere** der Kathedrale wirkt düster, aber ihr hoch aufstrebendes Mittelschiff und die mächtige, 32 m hohe Kuppel verleihen ihr eine erhabene Atmosphäre. Die Seitenschiffe sind in je sechs Seitenkapellen unterteilt, von denen die erste rechts das 1456 von Dalmatinac entworfene Grabmal des in Šibenik geborenen Humanisten *Juraj Šižgorić* birgt. In der südlichen Apsis steigt man rechts hinunter in das 1452 ebenfalls von Dalmatinac geschaffene **Baptisterium**. Dieser ebenso kunstvoll wie harmonisch gestaltete kleine Raum mit symmetrischen Apsiden und reich verziertem Gewölbe ist ein Ju-

Ausschnitt des von Dalmatinac geschaffenen Porträtfrieses an der Kathedrale von Šibenik

wel der Renaissance. Drei Engel tragen das runde Taufbecken (1452) in der Mitte. Derzeit wird die Kathedrale umfassend restauriert.

Südlich der Kathedrale und nur durch einen engen Durchgang von ihr getrennt, steht der 1441 errichtete **Bischofspalast** 4 (Biskupska palača), ebenfalls ein Stilgemisch mit spätgotischem Portikus und einem Renaissanceportal. Der benachbarte, im 14. Jh. begonnene, jedoch erst im 16. Jh. fertiggestellte *Rektoren-* oder *Fürstenpalast* wurde außerhalb des Seetors errichtet. Heute beherbergt der Palast das sehenswerte **Stadtmuseum** 5 (Muzej Grada Šibenika, Gradska vrata 3, Tel. 022/213880, www.muzej-sibenik.hr, Di–Sa 10–21 Uhr, So 10–15 Uhr), das Funde aus der Umgebung von illyrischer Zeit bis zur Gegenwart in

Die Fassade der Stadtloggia fasziniert durch eine schöne Arkadenreihe im Untergeschoss

Juraj Dalmatinac – kroatischer Baumeister zwischen Gotik und Renaissance

Der Anfang des 15. Jh. in Zadar geborene und 1473 in Šibenik verstorbene Baumeister Juraj Dalmatinac erlernte sein Handwerk in Venedig. 1441 als Bauleiter der Kathedrale Sveti Jakov nach **Šibenik** gerufen, brachte er aus Italien den Renaissancestil mit, den er zunächst allerdings noch mit gotischen Elementen vermischte. Im Gegensatz zu seinen italienischen Lehrmeistern arbeitete er jedoch nicht mit Ziegeln und Holz, sondern errichtete die Šibeniker Kathedrale und die meisten seiner übrigen Werke ausschließlich aus Stein – dem berühmten weißen Marmor der **Insel Brač** [s. S. 77]. Dass er als großer Baumeister zugleich ein genialer **Bildhauer** war, zeigt unter anderem der Skulpturenfries von Sveti Jakov.

Dalmatinac, der bekannteste kroatische Künstler zwischen Gotik und Renaissance, war äußerst vielseitig. Er arbeitete in zahlreichen Städten entlang der dalmatinischen Küste – oft an mehreren Bauhütten zugleich – und schuf nicht nur Kirchen und Kleinplastiken von überraschend realistischer Schönheit, sondern auch **Befestigungsanlagen** sowie ganze **Städte**. Zu seinen Meisterwerken zählen neben Sveti Jakov in Šibenik die komplett am Reißbrett entstandene Stadt Pag auf der Insel Pag und die Festungsanlagen von Dubrovnik [s. S. 109].

verschiedenen historischen und ethnografischen Abteilungen präsentiert. Zum Stadtmuseum gehört auch die Ausstellung **sakraler Kunst** in der kleinen 1457–61 erbauten gotischen Kirche **Sveta Barbara** 6 (*Kralja Tomislava 19*) mit barockem Glockenturm. Hinter der schmucken Fassade werden sehr schöne spätgotische Altäre gezeigt. An der Ecke zum *Trg Republike Hrvatske* steht ein Renaissancebau: die **Kleine Loggia** 7 (Mala loža), in der einst Gerichtsverhandlungen stattfanden. Über den Platz hinweg blickt man auf die zweigeschossige, 1533–42 errichtete **Stadtloggia** 8 (Gradska loža), den einstigen Sitz der Stadtregierung und das heutige Rathaus von Šibenik. Im Zweiten Weltkrieg stark zerstört und danach originalgetreu wieder aufgebaut, besitzt die schöne Fassade im unteren Geschoss einen neunbogigen Arkadengang, im oberen Geschoss eine heute verglaste Galerie. Links neben der Stadtloggia führt eine steile Treppe den Hügel hinauf. Durch das Labyrinth der Gassen

TOP TIPP

erreicht man die imposante **Festung Sveti Mihovil** 9 (St. Michael, Tel. 091/497 55 47, svmihovil.sibenik.hr, April–Mai tgl. 9–19, Juni–Sept. 8–20, Okt./März 9–17, Nov.–Feb. 9–16 Uhr). Sie wurde im 13. Jh. errichtet und ist die älteste von insgesamt vier Burganlagen Šibeniks. Von oben bietet sich ein wahrhaft begeisternder Blick. Wie aus einem Adlerhorst schaut man hinab auf das Gewirr der Gassen und Höfe und auf die roten Ziegeldächer, hinter denen die Kuppel der Kathedrale emporragt. Die Festung wurde jahrelang mit EU-Mitteln restauriert und erstrahlt nun wieder in neuer Pracht, eingebaut wurde u.a. eine Open-Air-Bühne mit Platz für über 1000 Zuschauer.

Auf dem Rückweg kann man in südlicher Richtung durch die **Zagrebačka ulica** 10 schlendern, die in das älteste Viertel von Šibenik führt. Linker Hand erhebt sich über einer breiten Freitreppe zunächst die Mitte des 15. Jh. entstandene Kirche **Sveti Ivan Krstitelj** 11 (St. Johannes der Täufer) mit einer prachtvollen Fassade. Nur wenige Schritte weiter folgt die Kirche **Uspenie Bogomatere** 12 (Mariä Himmelfahrt) von 1390, die einst zum Kloster der Benediktinerinnen gehörte, im

Von der Festung Sveti Mihovil aus öffnet sich der Blick über die Altstadt von Šibenik

Im Nationalpark Krka rauscht der gleichnamige Fluss über 17 Katarakte 46 m in die Tiefe

16. Jh. aber in eine orthodoxe Kirche mit sehenswerter Ikonostase umgewandelt wurde. Ihr *Glockenturm* aus dem 16. Jh. gilt als einer der schönsten an der kroatischen Küste. Sehr schön ist der nach originalem Vorbild rekonstruierte mittelalterliche Klostergarten des **Klosters des Hl. Laurentius** ⓭ (Ulica Andrije Kačića Miošića 11, Winter tgl. 9–16, Sommer 8–23 Uhr) mit seinen Würz- und Heilpflanzen.

Praktische Hinweise

Information

TZG Šibenik (Stadtinformation), Obala Dr. Franje Tuđmana 5, 22000 Šibenik, Tel. 022/21 44 11, www.sibenik-tourism.hr

TZŽ Šibenik-Knin (Region Šibenik-Knin), Fra Nicole Ružića b.b., 22000 Šibenik, Tel. 022/21 90 72, www.sibenikregion.com

Hotels

********Solaris Beach Resort**, Šibenik, Tel. 022/36 10 01, www.solaris.hr. Riesige Ferienanlage mit fünf Hotels, Apartments, Wasserpark, Campingplatz (Tel. 022/36 40 00) und Marina, 6 km außerhalb an der Südspitze der Halbinsel Zablaće.

Pension Šibenik, Andrije Kacica 5, Tel. 098/980 18 62. Kleine Familienpension im historischen Gebäude unter freundlicher Leitung in idealer Lage inmitten der Altstadt.

Restaurants

No 4, Trg Dinka Zavorovića 4, Šibenik, Tel. 092/294 09 64, (tgl. 8–23 Uhr, Sa bis 3 Uhr) Nettes Café-Restaurant im Zentrum mit kleinen Gerichten, Steaks und Jazzmusik.

Pelegrini, Jurja Dalmatinca 1, Tel. 022/21 37 01, www.pelegrini.hr. Ein echter Geheimtipp! Kleines, romantisches Lokal, Terrasse mit Blick auf die Kathedrale, in dem die derzeit wohl beste Küche der Stadt und der gesamten Region geboten wird.

TOP TIPP **Restaurant im Dalmatinischen Dorf**, Hoteli Solaris 86, Šibenik, Tel. 022/36 10 01, www.solarisbeachresort.de. Nicht nur ein Restaurant, sondern ein malerisches, dalmatinisches Dorf mit nachgebauten Steinhäusern. Hervorragende Fisch- und Fleischgerichte, Brot aus dem Holzofen sowie Vorführungen, Weinproben, eine Brennerei und eine Ölpresse.

Zlatna Ribica, K. Spužvara 46, Brodarica, Tel. 022/35 03 00, www.zlatna-ribica.hr. Das 6 km südlich von Šibenik gegenüber der Insel Krapanj gelegene Restaurant ist bekannt für seinen Brudet (dalmatinischer Fischeintopf). Auch Gästezimmer.

17 Nationalpark Krka
Nacionalni park Krka

Der schönste Travertin-Wasserfall Europas und ein beliebtes Ausflugsdorf.

Karg und steinig präsentiert sich das Hügelland hinter Šibenik. Selten nur ermöglicht das kurvige Landsträßchen 11–2 Richtung *Drniš* einen Blick auf das grüne Wasser der Krka, das aus dem Kalkgrau der Schlucht heraufleuchtet. Umso stärker ist der Kontrast, wenn man bei *Lozovac* abzweigt und in den **Nationalpark Krka** hinunterfährt.

TOP TIPP Vom Busparkplatz führt ein kurzer Weg zu den oberen Stufen an der Südseite des **Skradinski buk**, der als der schönste Travertin-Wasserfall Europas gilt. In 17 Katarakten donnert die Krka insgesamt 46 m in die Tiefe. Stellenweise auf einer Breite von über 100 m tosen gewaltige Wassermassen in schillernd grüne Travertinbecken.

In einer Mühle beim *obersten Katarakt* wurde ein kleines, aber sehr sehenswertes **Museum** (April–Okt.) eingerichtet. In einem Felsenraum rauscht das Wasser in ein rundes Steinbecken: eine traditionelle ›Waschmaschine‹, die schon seit Jahrhunderten läuft. Man wirft die schmutzige Kleidung einfach hinein und lässt sie von der Strömung herumwirbeln, bis sie sauber ist.

Vom Museum aus kann man auf verschlungenen Pfaden und Bohlenstegen oberhalb der Fälle den gesamten Wasserlauf überqueren und gelangt zu *Aussichtspunkten* direkt am Rande des Abgrunds. Vielfältig verästelt durchströmt die Krka ein dschungelhaftes Dickicht aus Bäumen, Sträuchern und wuchernden Stauden. An der Nordseite steigt man hinab zu den *unteren Fällen*, hinter denen die Wassermassen wieder zu einem breiten Fluss gebündelt sind. Auf der Holzbrücke, die ihn überspannt, steht man unmittelbar vor dem schäumenden Katarakt und erlebt ihn aus einer wahrhaft atemberaubenden Perspektive.

Oberhalb der Skradin-Wasserfälle haben die Travertinbarrieren den Fluss zum 12 km langen See **Jezera Visovac** aufgestaut, der sich zwischen Felsen und Geröllhängen erstreckt. Auf einer kleinen *Insel* in seinem nördlichen Teil haben Mönche 1445 ein **Franziskanerkloster** errichtet. In dessen gut bestückter Bibliothek findet man u. a. eine Ausgabe von *Äsops Fabeln* aus dem Jahr 1487, altkroatische Bücher und handkolorierte Manuskripte. Zu erreichen ist das Kloster vom Schiffsanleger nahe dem Busparkplatz. Die Boote der Parkverwaltung nehmen mehrmals täglich (Juni–Sept. tgl. 9–15 Uhr jede Stunde, sonst tgl. 13 Uhr) Kurs auf die Abtei und den 15 m hohen Wasserfall **Roški Slap**.

Keinesfalls versäumen sollte man einen Abstecher zum beliebten Ausflugsort **Skradin** (700 Einw.). Man erreicht das malerische, unterhalb der Wasserfälle gelegene Städtchen von Šibenik aus mit dem Boot oder auf der kleinen Straße, die von der Zufahrt zum Nationalpark kurz hinter *Lozovac* links abzweigt. Die Strecke hinab ins Tal der Krka bietet einen geradezu märchenhaften Blick auf Skradin: Vor der Kulisse weißer Felsen und grüner Hänge schmiegt es sich an das Schilfufer des **Prokljansko jezero** und leuchtet mit roten Ziegeldächern aus all den Grüntönen hervor.

i Praktische Hinweise

Information

Krka-Nationalparkverwaltung, Trg Ivana Pavla II, br. 5, 22000 Šibenik, Tel. 022/20 17 77, www.npkrka.hr

TZO Skradin, Trg Male Gospe 3, 22222 Skradin, Tel. 022/77 13 29, www.skradin.hr

Auf einer idyllischen Insel im See Jezera Visovac erhebt sich ein Franziskanerkloster

Das malerische Hafenstädtchen Skradin ist eingebettet in eine grüne, fruchtbare Landschaft

Hotel

***Skradinski Buk**, Burinovac b.b., Skradin, Tel. 022/77 17 71, www.skradinski buk.hr. Modernes Hotel in idyllischer Lage zwischen Waldhängen und dem Prokljansko jezero.

Restaurants

Prstac, Obala b. Pavla Šubica, Skradin, Tel. 022/77 11 28. Das Lokal in zweiter Reihe ist relativ ruhig und verwöhnt mit ausgezeichneten frischen Muscheln.

Zlatne Školjke, Grgura Ninskog 9, Skradin, Tel. 022/77 10 22, www.zlatne-skoljke.com. Das traditionelle Restaurant im dalmatinischen Stil mit viel Holz (2 km von den Fällen entfernt) serviert frische Krka-Forellen, Aale und Muschelgerichte.

18 Archipel von Šibenik

Ruhige Ferienidylle mit Korallenmuseum und Schwammtauchern.

Eine Gruppe von etwa 250 kleineren und größeren Inseln liegt – wie ins Meer gestreut – jenseits des *Šibenski kanal*. Noch ist die touristische Infrastruktur der Eilande eher bescheiden, das Leben verläuft ruhig und bietet Erholung abseits des Trubels. Die kleineren Inseln sind zumeist unbewohnt, die größeren werden von Šibenik und Vodice aus angefahren.

Prvić

In Küstennähe südlich von Vodice liegt das fruchtbare Inselchen Prvić (2,4 km^2), in dessen zwei Ortschaften zusammen gerade einmal 550 Menschen leben. Das größere der beiden Dörfer, **Šepurine** an der Westküste, ist von hübschen Kalkquaderhäusern geprägt. Etwas außerhalb lädt das 1620 errichtete Kirchlein **Sveti Rok** (St. Rochus) mit einem reich verzierten Barockaltar zu einer Besichtigung ein. Das noch kleinere **Prvić Luka** erstreckt sich an der tief eingeschnittenen Bucht im Süden der Insel und bietet mehrere Bademöglichkeiten.

Zlarin

Das wegen seiner landschaftlichen Schönheit bereits zur Römerzeit als ›Insula auri‹ (Goldene Insel) gerühmte Zlarin (8 km^2) ist ein subtropisches Paradies mit Palmen, Feigenbäumen und Tamarisken. Natursteinhäuser säumen die Promenade des einzigen Inselortes, darunter stolze Residenzen aus dem 17. und 18. Jh. Bekannt ist Zlarin für seine Korallen- und Schwammtaucher, an die das kleine **Korallenmuseum** (Muzej koralja, Sommer tgl. 8–21 Uhr) mit Korallen, Korallenschmuck und Fotografien erinnert. Nach Korallen wird heute kaum noch getaucht, die *Schwammtaucherei* dagegen ist nach wie vor hier anzutreffen. Gute Bademöglichkeiten gibt es an den nahe der Ortschaft gelegenen Sandstränden und in einer kleinen Bucht im Südosten der Insel.

Krapanj

Die nur 300 m vom Festland auf der Höhe von *Brodarica* gelegene Insel Krapanj (0,36 km²) ist das kleinste der bewohnten Eilande Kroatiens. Die einzige Inselortschaft Krapanj besteht aus malerischen Kalkquaderhäusern, die rund 2500 Einwohner leben zum Großteil von der Schwammtaucherei und -verarbeitung. Das im Kiefernwald nördlich des Städtchens gelegene **Franziskanerkloster** aus dem 15. Jh. birgt ein kleines *Museum der Unterwasserwelt und Schwammtaucherei* (Sommer tgl. 10–12 und 17–19 Uhr), in dem man sich über die Meeresflora und -fauna der Adria informieren kann.

Kaprije

Die autofreie Insel Kaprije (7 km², 130 Einw.), im mittleren Bereich des Archipels gelegen, hat eine besonders buchtenreiche Küste, an der mehrere Strände (teils Kies, teils Felsplatten) zum Baden einladen. Mit dem Boot kann man sich an die Badereviere der unbewohnten Insel **Kakan** hinüberfahren lassen.

Žirje

Das größte Eiland des Archipels, Žirje (15,4 km², 160 Einw.), liegt am südwestlichen Rand der Inselgruppe weit vor der dalmatinischen Küste und wird erst allmählich von den Urlaubern entdeckt. Die schönsten Badereviere findet man an der *Vela-* und der *Mala-Stupica-Bucht* im Südosten. Unmittelbar hinter den Buchten erheben sich Hügel, auf denen die Ruinen byzantinischer Festungen aus dem 6. Jh. besichtigt werden können. Sie gehörten einst zu dem von Kaiser *Justinian* errichteten Verteidigungssystem und sicherten die strategisch wichtige Zufahrt in den Archipel.

i Praktische Hinweise

Information

TZO Zlarin, Sunčana obala 14, 22232 Zlarin, Tel. 022/55 35 57, www.tz-zlarin.com

Hotel

****Koralj**, Obala boraca 15, Zlarin, Tel. 022/55 36 21. Kleines, am Wasser gelegenes Hotel im Zentrum von Zlarin.

19 Primošten

Malerisches Inselstädtchen mit weltberühmten Weinbergen auf dem gegenüber liegenden Festland.

Rund um die an der höchsten Stelle errichtete Kirche drängen sich die Bruchsteinhäuser, die das ganze, nur durch ei-

Wer idyllische Urlaubstage genießen möchte, ist in Šepurine auf Prvić genau richtig

Auf der Halbinsel Primošten drängen sich Bruchsteinhäuser um die Pfarrkirche

nen schmalen Damm mit dem Festland verbundene Inselchen bedecken. Als einer der malerischsten Orte der dalmatinischen Küste ist Primošten ein Paradebeispiel für jene kleinen Städtchen, die keine namhaften Sehenswürdigkeiten besitzen und doch durch und durch selbst eine sind.

Gegründet wurde die Ansiedlung im frühen 16. Jh. von Bewohnern der nahen Küstenregion, die Schutz vor den Türken suchten und die **Felsinsel** mit Mauern und Türmen befestigten. Als die Bedrohung vorüber war, ließ man die Befestigungsanlagen verfallen und verband Primošten durch einen Damm mit dem Festland. Knapp 500 Jahre später erreichte eine neue Invasion Dalmatien: die der sonnenhungrigen Mitteleuropäer. Die Burgen, die nun entlang der Küste entstanden, waren Hotelburgen. Dass Primošten es trotzdem geschafft hat, die Atmosphäre eines **Fischerdorfes** zu bewahren, verdankt es seiner Insellage, die keinen Platz für eine ausgeprägte touristische Infrastruktur ließ. Da sich die Hotelanlagen und Campingplätze auf das nahe Festland konzentrieren, sieht das Städtchen – trotz einiger moderner Bausünden – noch immer fast so aus wie vor 100 Jahren: eine malerische Ansammlung alter, teilweise noch mit Steinplatten gedeckter Häuser.

Die Weinberge von Primošten

Auf dem Festland nahe dem kleinen Eiland erstrecken sich die malerischen Weinberge von Primošten. Zu Mauern aufgeschichtete Kalksteine, aus deren blendendem Weiß das frische Grün der Reben leuchtet, bilden ein **grafisches Gitternetz** aus Tausenden winziger Karrees, das ganze Hänge bedeckt. Jedes dieser kleinen Gärtchen ist gerade groß genug für eine Hand voll knorriger Reben. Die dekorativen **Steinwälle** bieten nicht nur einen faszinierenden Anblick, sondern erfüllen zugleich eine ganze Reihe nützlicher Funktionen: Sie halten den kalten Wind ab, reflektieren die Sonnenstrahlen auf die Reben und speichern die Wärme. An den Hängen von Primošten gedeiht eine autochthone Rebsorte, aus der der **Babić**, ein trockener Rotwein von leuchtender Farbe und vollmundigem Geschmack gewonnen wird. Und mitten im kunstvollen Gittermuster entdeckt man immer wieder jene kleinen, kreisrunden **Steinhäuschen** mit einem Dach aus kunstvoll aufgeschichteten Kalkplatten, die seit Jahrhunderten als Geräteschuppen und als Liebeslauben für junge Paare dienen.

i Praktische Hinweise

Information

TZO Primošten, Trg biskupa Arnerica 2, 22202 Primošten, Tel. 022/57 11 11, www.tz-primosten.hr

Hotel

***__Kamenar__, Rudina Biskupa Arnerica 5, Tel. 022/57 08 89, www.restaurant-kamenar.com. Kleines freundliches Hotel mit 7 Zi. in zentraler Altstadtlage nahe Jachthafen und Strand mit ausgezeichnetem Restaurant.

Camping

Adriatic, Bana J. Jelačića 17, Primošten, Tel. 022/57 12 23, www.autocamp-adriatiq.com. In einem Pinienwald auf der Halbinsel Punta Maslin gelegener Campingplatz mit langem Felsstrand und kleiner Kiesbucht.

Restaurants

Dalmacija, Put Murve 15, Primošten, Tel. 022/57 00 09. Gemütliche Taverne

im dalmatinischen Stil. Große Auswahl an Fisch- und Fleischgerichten.

Konoba Toni, Podakraje 26, Tel. 091/589 57 22, www.konoba-toni.com. Charmantes Lokal direkt am Wasser mit Blick auf den Jachthafen und exzellenter Meeresküche, auch Apartments am Meer.

20 Rogoznica

Ruhige Zwillingsschwester von Primošten.

Die in der tiefen *Rogoznica-Bucht* gelegene gleichnamige Ortschaft (800 Einw.) ist so etwas wie die weniger bekannte Zwillingsschwester von Primošten. Wie das 8 km nördlich gelegene Städtchen wurde auch Rogoznica während der osmanischen Eroberungen Anfang des 16. Jh. auf einer kleinen Insel gegründet und später durch einen Damm mit dem Festland verbunden. Das abseits der Adria-Magistrale liegende Rogoznica ist nur über eine Stichstraße zu erreichen und wurde erst in jüngster Zeit vom Tourismus entdeckt. In geschützter Lage, umgeben von Pinienwäldern, bietet der Ort eine schmucke Promenade und schöne **Strände**. Man übernachtet bei Fischern in Privatpensionen und genießt die Ruhe.

i Praktische Hinweise

Information

TZO Rogoznica, Kneza Domagoja 56, 22203 Rogoznica, Tel. 022/55 92 53, www.tz-rogoznica.hr

Hotel

****Marinska Kula**, Obala kardinala Alojzija Stepinca 1, Marina, Tel. 021/88 90 73. In der kleinen Ortschaft Marina erhebt sich ein trutziger Festungsturm aus dem Wasser. Als Schutzburg gegen die Osmanen um 1500 errichtet, wurde der Turm in ein außergewöhnliches Hotel umgewandelt. Auf der idyllischen Terrasse kann man traditionelle Fischgerichte genießen (Mitte Mai–Mitte Sept. geöffnet).

Der mittelalterliche Festungsturm in Marina wurde zum Hotel Marinska Kula umgebaut

21 Trogir

TOP TIPP *Der Besuch der Altstadt verspricht eine Zeitreise ins Mittelalter.*

Mittelalterliche Stadtbilder an der Küste Dalmatiens sind eher die Regel als die Ausnahme. Und doch ist Trogir etwas ganz Besonderes, denn nur wenige Städte haben einen so malerischen historischen Kern und besitzen einen solchen eigenartigen Zauber wie diese kompakte Inselzitadelle.

Geschichte In griechischer Zeit gegründet, entwickelte sich **Tragurion** (›Ziegeninsel‹ oder ›Ort am Ziegenberg‹) unter den Römern zu einem blühenden Handelshafen, bis das nahe gelegene *Salona* zur Provinzhauptstadt avancierte und den Nachbarort in den Schatten stellte. Unter kroatischer Herrschaft erlangte die Inselfeste ihre alte Bedeutung zurück, wurde **Bischofssitz** und erhielt 1107 von *König Koloman* das Stadtrecht. 1123 fielen die Sarazenen über Trogir her und ließen keinen Stein auf dem anderen, aber in kürzester Zeit war die Stadt wieder aufgebaut. Im 13. Jh. begann eine rege Bautätigkeit, die auch 1242 durch den Ansturm der Tataren und 1420, als ganz Dalmatien an **Venedig** fiel, nicht unterbrochen wurde. Wiederholte Angriffe der **Osmanen** bereiteten der Blütezeit Trogirs schließlich ein Ende. Die prachtvollen Bauten aus dem 13. bis 16. Jh. sind bis heute erhalten geblieben – wohl deshalb, weil Trogir unter österreichischer (ab 1719) und napoleonischer Herrschaft (1806–1814) ein kümmerliches Provinzdasein fristete.

Vom Landtor zur Kathedrale

Durchschreitet man vom Markt her das **Landtor** ❶ (Kopnena vrata), so gelangt man in eine andere Welt. Die gesamte **Altstadt** – von der UNESCO zum Weltkulturerbe erklärt – ist ein wahres Museum der Architektur- und der Bildhauerkunst, ein dicht gedrängter Reigen von Kirchen und Palästen, Gassen und Innenhöfen, Torbögen und Treppen. Wie in einer Zeitmaschine wird man um Jahrhunderte zurückversetzt. Nur die Nord-Südachse des Zentrums verweist auf die jüngere Geschichte, heißt sie doch Ulica Kohl-Genschera, aus Anerkennung dafür, dass der deutsche Altbundeskanzler und sein Außenminister die Unabhängigkeit Kroatiens im Jahr 1991 so tatkräftig unterstützt haben.

Durch eben diese **Ulica Kohl-Genschera** ❷ erreicht man den *Trg Ivana Pavla II* (Johannes-Paul-II.-Platz), der vom TOP TIPP architektonischen Glanzstück der Stadt dominiert wird, der **Katedrala Sveti Lovro** ❸ (St. Laurentius). An dem gewaltigen Bauwerk wurde fast fünf Jahrhunderte gewerkelt, von der Grundsteinlegung 1123 bis zur Fertigstellung

Topfparade – derart idyllische Hinterhöfe sind allerorts in der Altstadt von Trogir zu entdecken

des Kirchturms zu Beginn des 17. Jh. Der elegante *Campanile* dokumentiert die zeitliche Abfolge von der Romanik bis zur Renaissance wie ein geologisches Schichtprofil: Romanisch präsentiert sich der Unterbau, frühgotisch das 1422 fertiggestellte erste Obergeschoss, im ornamentreichen Stil der venezianischen Gotik mit feinem Maßwerk das zweite Obergeschoss und im späten Renaissancestil das dritte, das 1610 vollendet wurde. Zu den ältesten Teilen der Kathedrale gehört das unter einer mächtigen Vorhalle verborgene **Westportal** von 1240. Der reiche Figurenschmuck zeigt das ganze Können des kroatischen Meisters *Radovan*: Auf den Rücken zweier Löwen flankieren Adam und Eva den Haupteingang, in den Bogenläufen finden sich Darstellungen aus dem Alten und Neuen Testament, aber auch Szenen aus dem Leben von Bauern und Handwerkern. Auf der linken Schmalseite der Vorhalle öffnet sich die 1467 von *Andrija Aleši* geschaffene **Taufkapelle**. Das Relief über dem Eingang zeigt die Taufe Christi im Jordan. Den reich durch Nischen und Pilaster gegliederten Raum überspannt eine Kassettendecke. Das **Innere** der Kathedrale wird durch zwei Reihen aus je vier Pfeilern in drei Schiffe geteilt. Von den reichen Kunstschätzen verdienen besonders die achteckige Steinkanzel aus dem 13. Jh. und das 1439 von *Ivan Budsislavljić* geschnitzte Chorgestühl Erwähnung. Vom nördlichen Seitenschiff öffnet sich ein kostbares Kleinod, die 1468–97 unter der Bauleitung von *Nikola Fiorentinac* angebaute, dem ersten Bischof Trogirs geweihte Kapelle **Sveti Ivan Ursini**. Dieses harmonische Gesamtkunstwerk der Architektur und Bildhauerei gilt als das bedeutendste Renaissance-Gebäude in Dalmatien. Bischof Ursini (1066–1111) ruht in einem von Engeln flankierten Sarkophag. Von den lebensgroßen Statuen der Apostel in den Nischen schuf *Ivan Duknović*, einer der besten Bildhauer Dalmatiens, die des Thomas und Johannes des Täufers.

Die Katedrala Sveti Lovro in Trogir besitzt einen überaus prächtigen Campanile

Rund um den Trg Ivana Pavla II

Neben der Kathedrale machen weitere prachtvolle Bauten den Hauptplatz von Trogir zu einem der schönsten Architekturensembles Dalmatiens. An der Westseite erhebt sich der **Čipiko palača** 4 aus dem 15. Jh., ein repräsentatives Patrizierhaus im Übergang von der Gotik zur Renaissance mit auffälligen spitzbogigen Drillingsfenstern über dem Portal. Von hier sind es nur wenige Schritte in nördlicher Richtung zum *Palais Garagnin*, einem Barockbau aus dem 18. Jh., in dem heute das **Stadtmuseum** 5 (Muzej grada, Gradska vrata 4, Tel. 021/88 14 06, Juli/Aug. tgl. 9–12 und 18–21, Juni/Sept. Mo–Sa 9–12 und 17–20, sonst Mo–Fr 9–14 Uhr) untergebracht ist. Gezeigt werden u. a. Skulpturen von *Nikola Fiorentinac* und *Ivan Duknović*. Das **Sakralmuseum** 6 (Sommer Mo–Sa 8–12 und 14–19 Uhr), das die gesammelten Schätze der Kirche Sveti Ivan Krštilelj, darunter das besonders wertvolle Trogirer Evangelium aus dem 13. Jh., präsentiert, befindet sich an der Südseite des Platzes. Diese wird von dem im 15. Jh. errichteten gedrungenen **Uhrturm** 7 (Kula sa satom) dominiert. Über dem Eingang erinnern die von Fiorentinac geschaffenen Statuen Christi und des hl. Sebastian daran, dass hier einst die Kirche St. Sebastian untergebracht war. Direkt daneben wurde – ebenfalls im 15. Jh. – die **Loggia** 8 (Loža) angebaut, die im aus-gehenden Mittelalter als Gerichtsstätte diente. Der steinerne Richtertisch im Inneren und die Reliefs der Justitia (Nikola Fiorentinac, 1471) stammen noch aus der Entstehungszeit. Hinter der Loggia verbirgt sich die kleine altkroatische Kirche **Sveta Barbara** 9, die als ältestes Gotteshaus der Stadt aus dem 11. Jh. stammt und unter Verwendung antiker Säulen errichtet wurde. Nach Osten schließt das **Rathaus** 10 den Trg Ivana Pavla II ab. Im früheren *Rektorenpalast*, einem repräsentativen Bau aus dem 15. Jh., hatte einst der venezianische Statthalter seinen Sitz.

An der Uferpromenade

Vorbei am Rathaus gelangt man zur Kirche **Sveti Ivan Krštitelj** 11 aus dem 13. Jh. und weiter zum 1064 gegründeten Benediktinerinnenkloster **Sveti Nikola** 12 mit blühendem Innenhof und der sog. **Kairos Sammlung** (Mai–Sept. tgl. 9–12 und 16–18.30 Uhr). Berühmtestes Stück ist ein griechisches Marmorrelief des Gottes *Kairos*, das ein unbekannter Künstler im 1. Jh. v. Chr. geschaffen hat. Der Gott des

Der kroatische Meister Radovan schuf das Westportal der Katedrala Sveti Lovro

glücklichen Augenblicks ist als Jüngling dargestellt – mit üppiger Stirnlocke, damit man ihn, den stets rasch Vorübereilenden, auf sprichwörtliche Weise ›am Schopfe packen‹ kann.

Direkt neben dem **Seetor** 13 (Morska vrata) drängt sich eine schmucke kleine **Loggia** 14 an die Außenseite der Stadtmauer, erbaut im 16. Jh., um Reisenden, die Trogir erst nach dem abendlichen Schließen der Stadttore erreichten, Obdach zu bieten. Heute dient der Bau in den Vormittagsstunden als Fischmarkt. Die Uferpromenade führt in westlicher Richtung zu der am Altstadtrand gelegenen imposanten **Festung Kamerlengo** 15 (Tvrđjava Kamerlengo, Sommer tgl. 9–17 Uhr). Der Innenhof der im 15. Jh. errichteten venezianischen Burganlage, die einen älteren Turm von 1380 integriert, ist in den Sommermonaten malerische Kulisse für Konzerte und Theateraufführungen.

Ausflug nach Čiovo

Den schönsten Blick auf das historische Zentrum bietet die Insel **Čiovo**, die man über eine Klappbrücke im Südosten der Altstadt erreicht. Nur von dort kann man das Panorama in ganzer Pracht erfassen: Im stillen Hafenwasser liegen bunte Fischerboote vor der Palmenallee, dahinter erheben sich die Stadtmauern und Festungstürme, das Gewirr der Ziegeldächer und die Vielfalt filigraner Kirchtürme. Die 15 km lange und bis zu 3,5 km breite Insel ist ein beliebtes Ausflugsziel für die Bewohner von Split und Trogir.

i Praktische Hinweise

Information

TZG Trogir, Trg Ivana Pavla II 1, 21220 Trogir, Tel. 021/88 56 28, www.tztrogir.hr

Hotels

******Tragos**, Budislavićeva 3, Trogir, Tel. 021/ 88 47 29, www.tragos.hr. Kleines, familiengeführtes Hotel in der Altstadt im historischen Barockpalast. Geräumige Zimmer. Besonders schön: Der grüne Innenhof, in dem morgens Frühstück und abends dalmatinische Spezialitäten von ausgezeichneter Qualität serviert werden.

***Hotel Concordia**, Obola bana Berislavića 22, Trogir, Tel. 021/88 54 00, www.concordia-hotel.net. Kleines, einfaches Hotel in schöner Lage direkt an der Hafenpromenade.

Restaurants

Alka, Ul. Augustina Kažotića 15, Trogir, Tel. 021/88 18 56, www.restaurant-alka.hr. Das gediegene Restaurant nahe des Dominikanerklosters gilt als das beste der Stadt und bietet neben köstlichen Fisch- und Fleischgerichten auch Pizzas.

Restaurant Idro, Matije Gupca 6, Tel. 021/88 26 09, 091/271 27 10. Lauschiges, kleines Lokal mit schattigem Innenhof, das etwas verborgen an einer Nebengasse liegt (vom Kirchplatz nach Westen, dann gleich rechts). Fisch- und Fleischgerichte aus stets frischen Zutaten.

22 Kaštela

Stadt der sieben Kastelle.

»Die Türken kommen!« – vor diesem Schreckensruf flohen Feudalherren im 15. und 16. Jh. aus Split und Trogir und errichteten an der Küste eine Kette trutziger Festungen. Von 13 Burgen blieben sieben erhalten. Sie bildeten den Ursprung für mehrere kleine Orte, die heute die Stadt Kaštela (40 000 Einw.) bilden.

Wer von Trogir auf der Adria-Magistrale Richtung Süden durch die ausfransenden Industriegebiete von Split fährt, ahnt nicht, welche Idylle sich hinter den Fabrikschloten verbirgt: Bilderbuchburgen und winzige Kirchlein, Natursteinhäuser, Palmenpromenaden und lauschige Häfen. Der Abstecher lohnt sich! Man sollte für die Strecke zwischen Trogir und Split die alte Küstenstraße wählen, die

Kaštela passiert und auch ›Straße der Kastelle‹ genannt wird. Alle sieben Orte sind auch bequem mit Linienbussen von Split und Trogir aus zu erreichen.

Kaštel Štafilić, die westlichste Ortschaft von Kaštela, verdankt ihren Namen *Stjepan Stafileo* von Trogir, der hier im 16. Jh. auf einem Inselchen sein Kastell mit Wehrturm errichten und es durch eine Zugbrücke mit dem Festland verbinden ließ. Nach Westen erstreckt sich ein langer, von Bäumen gesäumter Kiesstrand.

Kaštel Novi, die ›Neue Festung‹, ein wuchtiger, frei stehender Wehrturm, ließ sich 1512 *Pavlo Ćipiko*, ein Neffe des Schriftstellers Koriolano Ćipiko, direkt am Hafen erbauen. Bedeutende Bauwerke der Ortschaft sind die Renaissancekirche *Sveti Roc* (St. Rochus, 1586) und die *Stadtloggia*.

Kaštel Stari, die ›Alte Festung‹, wurde 1481 im Auftrag von *Koriolano Ćipiko* erbaut, der sich als Schriftsteller, Humanist und Heerführer zugleich einen Namen machte. Seine Burg brannte schon bald ab, wurde jedoch bereits 1493 neu aufgebaut. Sehenswert sind die schmucke Pfarrkirche vom Ende des 16. Jh., die im 17. Jh. von Grund auf barockisiert wurde, und das Kirchlein **Sveti Juraj** (St. Georg), das schon im 11. Jh. erbaut wurde und als eines der schönsten Beispiele frühmittelalterlicher Kirchenarchitektur Kroatiens gilt. Die Fassade des schlichten Baus zieren schlanke Rundbogen-Lisenen, die vom Fundament bis ans Dach reichen und dem winzigen Bau eine hoch aufstrebende Wirkung verleihen.

Das von Palmen, Obstbäumen und Tamarisken umgebene Städtchen **Kaštel**

Landgang – der Jachthafen von Trogir mit der palmengesäumten Uferpromenade

Lukšić geht auf einen befestigten Landsitz – mit schönem Renaissance-Innenhof – zurück, den sich die Aristokratenfamilie *Vitturi* aus Trogir Ende des 15. Jh. auf einem kleinen Inselchen nahe dem Ufer erbauen ließ. Die Sammlung des hier eingerichteten *Museums* (Tel. 021/26 02 45, Mai–Sept. Di–So 9–12 und 16–19, Okt.–April Di–Sa 9–12, Di/Fr auch 16–19 Uhr) reicht von Möbeln über Kunsthandwerk bis zu Werken zeitgenössischer Künstler. Unvergessen ist die hier im 17. Jh. spielende *Legende von Miljenko Rušinić und Dobrila Vitturi*, eine tragische Liebesgeschichte, die Stoff für zahlreiche Romane und Opern bot.

Mittlerweile ist das Eiland mit der Burg mit dem Festland verbunden. Eine Attraktion der Ortschaft ist der **Botanische Garten** mit seiner mediterranen Vegetation. Sehenswert ist aber auch die Kirche **Gospino uznesenje** (Mariä Himmelfahrt) von 1515 im Übergangsstil von der Gotik zur Renaissance, in der der Sarkophag des Erzbischofs *Arnir* von Split, eine der berühmtesten Arbeiten *Juraj Dalmatinac'* (1445), steht.

Der Ort **Kaštel Kambelovac** wurde benannt nach der Aristokratenfamilie *Cambi* aus Split, die hier im 16. Jh. mehrere Festungen erbauen ließ. Die Zitadelle steht auf einer Insel, die durch einen Damm mit dem Festland verbunden wurde. Zentrum der Anlage ist ein schlichter *Palast* mit Rundturm und einem Renaissance-Balkon.

Bereits 1078 vermachte der kroatische *König Zvonimir* den Küstenstrich von **Kaštel Gomilica** Benediktinerinnen aus Split, die hier im 12. Jh. die romanische Kirche **Sveti Kozma i Damjan** errichteten. Das Kastell entstand Anfang des 16. Jh. auf dem vorgelagerten Felsen Gomilica und wurde durch eine Zugbrücke mit dem Festland verbunden. Das Panorama der Festung, die auf dem Wasser zu schwimmen scheint, ist überaus reizvoll.

Kaštel Sućurac, die östlichste Ortschaft von Kaštela, ist zugleich die älteste. Der erste Festungsturm wurde 1392 im Auftrag des Erzbischofs Gualdo von Split erbaut und 1488 unter Erzbischof Averoldo zur Zitadelle erweitert. Ihr heutiges Aussehen erhielt die Anlage mit gotischem Landhauspalais 1509 durch Erzbischof Zane.

i Praktische Hinweise

Information

TZG Kaštela, Brce 1, 21215 Kaštel Lukšić, Tel. 021/22 79 33, www.kastela-info.hr

Hotel

*****Villa Žarko**, Obala kralja Tomislava 7 a, Kaštel Lukšić, Tel. 021/22 81 60. Das hübsche Hotel garni bietet 16 komfortable Zimmer mit Balkon, z. T. mit Meeresblick.

Restaurant

Baletna Škola, Don Frane Bege 2, Kaštel Kambelovac, Tel. 021/22 02 08, www.restoran-baletnaskola.com. Auf der weitläufigen Terrasse genießt man unter Schatten spendenden Bäumen den schönen Blick aufs Meer. Besonders delikat sind die Fischgerichte.

Split und sein Archipel – eine Metropole im Römerpalast und ein Inselparadies

In vielen Städten stehen Paläste, aber eine Stadt im Palast gibt es nur einmal: in **Split**. Der römische *Kaiser Diokletian* ließ direkt am Meer seinen prunkvollen Alterssitz errichten, aus dem später die mittelalterliche Ortschaft erwuchs. Längst über die Mauern der antiken Anlage hinausgewachsen, ist Split heute das kulturelle und wirtschaftliche Zentrum Dalmatiens. Vor den Toren der Metropole erstreckt sich der Archipel von Split, eine Inselgruppe, die durch ihre landschaftliche Vielfalt abwechslungsreiche Urlaubstage verspricht. Von einer Hand voll kleinerer unbewohnter Eilande abgesehen, sind vor allem die vier großen Inseln von touristischem Interesse: Das nahe der Küste gelegene **Šolta** wurde bislang nur von kroatischen Feriengästen als Reiseziel entdeckt. Das gebirgige **Brač**, das größte aller dalmatinischen Eilande, besitzt den schönsten Strand sowie vielbesuchte Badeorte und einsame Bergdörfer. Die Lavendelinsel **Hvar** rühmt sich ihres milden Klimas, einer subtropischen Vegetation und des charmanten Kurortes Hvar. Weit draußen im Meer ragt **Vis** empor, das bis 1989 Sperrgebiet war und ein ursprüngliches Inselparadies geblieben ist. Alle vier Inseln sind von Split aus mit der Autofähre zu erreichen, untereinander sind sie jedoch nicht verbunden.

23 Split

TOP TIPP *Einzigartige Altstadt in den Mauern einer spätrömischen Palastanlage.*

Mit 190 000 Einwohnern ist Split die größte Stadt Dalmatiens, die zweitgrößte Kroatiens und darüber hinaus einer der wichtigsten Industriestandorte des Landes, das Herz aber schlägt noch immer in den Mauern des über 1500 Jahre alten Diokletianspalastes. Den Schiffsreisenden zeigt sich die Metropole bereits bei der Einfahrt in den Hafen von ihrer Panoramaseite: die palmengesäumte Riva vor der breiten Front des spätrömischen Kaiserpalastes und dem Campanile der Kathedrale, der die Dächer der Altstadt überragt.

Geschichte In **Salona**, der 5 km nordöstlich gelegenen ehemaligen römischen Hauptstadt der Provinz Dalmatien, wurde um das Jahr 240 *Diokletian* geboren, der Sohn eines illyrischen Schreibers. Vom Legionär arbeitete er sich empor bis zum General der kaiserlichen Garde und wurde nach dem Tod des Imperators Numerianus 284 durch eine Militärrevolte neuer Herrscher von Rom. Nahe seiner Geburtsstadt ließ der Kaiser ab 295 einen Palast gewaltigen Ausmaßes aus dem Boden stampfen. Als 614 Awaren und Slawen Salona zerstörten, flohen seine Bewohner in die einstige **Kaiserresidenz**. Sie machten den antiken Tempel zu einer christlichen Kirche und unterteilten Hallen und Säulengänge in Wohnräume und Werkstätten.

Harmonisches Zusammenspiel von Antike und Mittelalter – das römische Mausoleum Diokletians wurde in die christliche Kathedrale Sveti Duje umgewandelt

Während in Norddalmatien im 9. Jh. das kroatische Königreich entstand, blieb **Spalatum** zunächst noch byzantinisch. Nachdem sich Byzanz im 12. Jh. aus der östlichen Adria zurückziehen musste, war der Hafenort mehrere Jahrhunderte autonom, anerkannte aber die Oberhoheit der ungarisch-kroatischen Könige. Von 1420 bis 1797 gehörte Split zum Machtbereich der Venezianer und wurde in dieser Zeit immer wieder von den Türken bedroht. 1797–1918 schließlich wurde ganz

Das Peristyl im Zentrum des Diokletianspalastes beeindruckt durch seine hohen Säulen

Dalmatien dem **Habsburger Reich** eingegliedert, unterbrochen nur durch das napoleonische Intermezzo 1805–13. Die Hafenmetropole, die in beinahe eineinhalb Jahrtausenden kaum über ihren alten Kern hinausgewachsen war, entwickelte sich erst im 20. Jh. zur Großstadt. Die Einwohnerzahl stieg von 13 000 im Jahr 1918 auf 190 000 (mit Vororten 250 000) im Jahr 2001 und hat sich seither auf diesem Stand eingependelt.

Besichtigung Der Bezirk des 295–305 als Alterssitz für Diokletian errichteten Kaiserpalastes (180 x 215 m) bildet das historische Zentrum von Split. Einst grenzte seine südliche Umfassungsmauer direkt ans Meer. Die **Riva**, die breite Uferpromenade, die sich als Ausgangspunkt für die Besichtigungstour durch Split anbietet, entstand erst Jahrhunderte später durch Aufschüttung.

Diokletianspalast

Die unscheinbare **Porta Aenea** 1 (Mjedena vrata, Messingtor) führt von der Uferpromenade ins Innere des Diokletianspalastes (Dioklecijanova palača), genauer gesagt ins dämmrig-kühle Untergeschoss. Mehrere Räume mit gemauerten Gewölben blieben erhalten. Darüber lagen ehemals die Kaisergemächer. In einem der kaiserlichen Räume wurde im 7. Jh. die Kirche *Sveti Andrija* eingerichtet. Hier ist heute das **Ethnografische Museum** 2 (Etnografski muzej, Iza Vestibula 4, Tel. 021/34 41 64, www.etnografski-muzej-split.hr, Juni–Sept. Mo–Sa 9.30–19, So 10–13 Uhr, Okt.–Mai Mo–Fr 9–16, Sa 9–13 Uhr) mit seiner reichen Sammlung an Trachten, Schmuck und Kunsthandwerk untergebracht.

Das Portal der Kathedrale illustriert das Leben Jesu in zwölf kunstvoll geschnitzten Tafeln

Durch das angrenzende Vestibül und über eine breite Treppe gelangt man wieder hinauf ans Tageslicht und betritt das rechteckige **Peristyl** 3, einen offenen, von hohen korinthischen Säulenarkaden gerahmten Hof, der einst im Osten vom Mausoleum Diokletians flankiert wurde. Auf diesem größten Platz der Anlage, unter dem breiten Dreiecksgiebel der südlichen Schmalseite, zeigte sich der Herrscher dem Volk. Wo früher Würdenträger dem Kaiser huldigten, genießen heute Einheimische und Touristen die einzigartige Szenerie.

Damals wie heute ist das Peristyl das Zentrum des Palastviertels: Einst kreuzten sich hier die beiden Hauptachsen des Palastes, die nun die Hauptstraßen der Altstadt sind: Decumanus, heute **Krešimirova**, und Cardo, heute **Dioklecijanova**. In der Südostecke der Kreuzung steht die kleine einschiffige Kirche **Sveti Rok** 4, die 1516 in ein älteres Wohnhaus integriert wurde und heute als Touristeninformation dient.

TOP TIPP

Hinter der östlichen Begrenzung des Peristyls ragt die nach dem Stadtpatron benannte **Katedrala Sveti Duje** 5 (St. Domnius) empor. Bereits die ersten ›Palastbesetzer‹ im 7. Jh. wandelten das *Mausoleum* Diokletians,

nachdem sie den Sarkophag des grausamen Christenverfolgers zerstört hatten, in eine Kirche um. Der mächtige oktogonale **Zentralbau** aus dem 4. Jh., der von einem offenen Säulengang umgeben wird, blieb im Wesentlichen unverändert. Zwischen dem 13. und 15. Jh. wurde allerdings ein Glockenturm angefügt. Der mehrstöckige, sich nach oben verjüngende *Campanile*, der durch seine hohen Zwillingsfenster sehr leicht wirkt, kann bestiegen werden. Von der oberen Plattform bietet sich ein herrlicher Blick auf das zu Füßen liegende Peristyl und die gesamte Stadt. Die Pforte des kaiserlichen Grabmals wurde einst von zwei ägyptischen Sphingen aus schwarzem Granit bewacht, eine der inzwischen fast 4000 Jahre alten Statuen ruht heute unter dem Säulengang. Das wuchtige **Portal** der Kathedrale aus dunklem Holz wurde 1214 von *Andrija Buvina* geschnitzt. Auf 28 Bildfeldern stellte er die Heilsgeschichte dar. Das **Innere** der Kathedrale besticht durch das Zusammenspiel von im Originalzustand erhaltener antiker Architektur und der Ausstattung der späteren Jahrhunderte. Monumentale korinthische Marmorsäulen – in zwei übereinander liegenden Reihen und mit reich geschmücktem Gebälk – stützen die 25 m hohe Kuppel. Direkt unterhalb verläuft ein Fries, der u. a. Porträts des Kaisers *Diokletian* und seiner Gemahlin *Prisca* zeigt. Halbrunde Nischen, die sich zum kreisförmigen Innenraum öffnen, dienen als Altarräume. Eine prachtvolle Kassettendecke spannt sich über den Nordaltar des venezianischen Bildhauers *Morlaiter*. Ihn flankieren zwei Baldachinaltäre mit den Sarkophagen der beiden Stadtpatrone *Sveti Duje* (hl. Domnius) und *Sveti Staš* (Anastasius). Der Domniusaltar stammt von Meister *Bonino* (1427), den Anastasiusaltar mit seinem beeindruckenden Relief der ›Geißelung Christi‹ schuf *Dalmatinac* (1448). Besonders kostbar ist die von sechs schlanken Marmorsäulen mit feingliedrigen Kapitellen getragene **Kanzel**, die ein Meisterwerk spätromanischer Bauskulptur darstellt. Der im 18. Jh. an der Südostseite angefügte **Chorraum** birgt ein kunstvoll geschnitztes Gestühl aus dem 13. Jh. Dahinter liegt die Sakristei mit der **Schatzkammer**, die Goldarbeiten und Messgewänder verwahrt, ein Ziborium von 1522 und die älteste Handschrift Kroatiens, ein Evangeliar aus dem 8. Jh.

Eine unscheinbare Seitengasse führt vom Peristyl in westlicher Richtung zum einstigen Jupitertempel, der ein ähnliches Schicksal wie das Mausoleum erfuhr und im 7. Jh. zur Taufkapelle **Sveti Ivan Krstitelj** 6 (St. Johannes der Täufer) umgebaut wurde. Die Vorhalle blieb nicht erhalten, dafür aber die antike Cella mit wundervollem, kassettiertem Tonnengewölbe. In der Mitte des kleinen

Raumes steht das Taufbecken aus dem 12. Jh., das mit Reliefplatten geschmückt ist. Die vordere Platte zeigt einen Herrscher auf dem Thron, vermutlich *König Zvonimir*. Weiterhin sehenswert ist der Sarkophag von *Johannes von Ravenna*, dem ersten Erzbischof von Split (7. Jh.).

Wer die *Dioklecijanova* vom Peristyl in nördlicher Richtung schlendert, erreicht schon bald die **Porta Aurea** 7 (Zlatna vrata, Goldenes Tor), das eigentliche Haupttor der Anlage. Außen wird es von zwei achteckigen Türmen flankiert. Über dem Torbogen wurde im 9. Jh. die Kapelle **Sveti Martin** eingefügt. Vom vorromanischen Bau sind allerdings nur noch das Tonnengewölbe und ein Altar erhalten. Die Reste des Glockenturms stammen aus dem 11. Jh. Außerhalb der Palastmauern steht die fast 8 m hohe, 1929 von Ivan Meštrović geschaffene Bronzestatue des Bischofs *Grgur Ninski* (Grgur von Nin) [s. S. 37], die zunächst im Peristyl aufgestellt wurde, bevor sie 1954 vor der Porta Aurea eine neue Heimat fand.

Auf dem Rückweg bietet sich ein Besuch des **Papalić-Palastes** 8 an, in dem das **Stadtmuseum** (Muzej grada, Tel. 021/36 01 71, www.mgst.net, April–Okt. tgl. 9–21, sonst Mo-Sa 9–17, So 9–14 Uhr) untergebracht ist. Man erreicht ihn über die *Ulica Papalićeva*. Baumeister *Juraj Dalmatinac* schuf Mitte des 15. Jh. durch den Umbau eines romanischen Wohnhauses eine imposante Residenz, die mit ihrer wohl proportionierten Loggia als das schönste Beispiel venezianischer Gotik in Split gilt. Das Museum selbst informiert über die Geschichte Splits vom 14. Jh. bis in die Gegenwart.

Die beiden übrigen antiken Palasttore, die **Porta Argenta** 9 (Silbertor) und die **Porta Ferrea** 10 (Eisernes Tor) liegen am östlichen und westlichen Ende des Decumanus, der heutigen Hauptstraße Krešimirova. Im Obergeschoss der Porta Ferrea wurde im frühen Mittelalter eine Kirche eingerichtet, von der nur das Kreuzgewölbe und der vorromanische Glockenturm, der älteste in Split, erhalten ist.

Mittelalterliches Split

Vom Palastviertel gelangt man durch die Porta Ferrea in den im Mittelalter entstandenen Stadtteil um den weiten *Narodni trg* (Volksplatz). An seiner Nordseite erhebt sich die im 15. Jh. errichtete **Stadtloggia** 11, das alte Rathaus. Während das Erdgeschoss mit seinen dreigeteilten gotischen Spitzbögen im Originalzustand erhalten blieb, wurde der obere Stock im 19. Jh. vollkommen verändert. Heute nutzt die Stadt die Räumlichkeiten für wechselnde Ausstellungen.

An der Südostecke des Narodni trg beginnt die *Marulićeva ulica*, die zu dem erst im späten Mittelalter durch Auffüllung der Bucht entstandenen **Trg Brače Radića** 12 führt. Nach Süden hin wird der Platz durch die Türme des einstigen venezianischen **Kastells** begrenzt, das 1435 unmittelbar am Meer errichtet wurde. Die Passage durch einen der Türme führt zurück auf die **Riva**. An ihrem Westende

Die Stadtloggia mit ihren mächtigen Spitzbögen dominiert den Narodni trg in Split

geleitet eine breite Freitreppe hinauf zu dem von den gewaltigen **Prokuratien** 13 (Prokurative) gerahmten *Trg republike*. Dieser 1864–1928 im Stil der Neorenaissance errichtete Palast der Statthalter von Split mit seinen langen Arkadengängen ist den Prokuratorenpalästen von Venedig nachempfunden. Südwestlich davon erhebt sich das im 13. Jh. errichtete, im 19. Jh. umgebaute **Franziskanerkloster** 14. Aus der Entstehungszeit blieben der spätromanische Kreuzgang und Teile der Kirche erhalten.

Ein weiteres sehenswertes Kloster, das gegenüber der Porta Argenta gelegene **Dominikanerkloster** 15 (Dominikanski samostan), erreicht man nach einem schönen Spaziergang entlang der Uferpromenade. Bereits im Jahr 1217 gegründet, wurde die Anlage später barock restauriert. In der Bibliothek wird eine wertvolle Sammlung illuminierter Handschriften bewahrt.

Museumsviertel

Die bedeutendsten Museen von Split liegen südwestlich des Zentrums im Stadtteil **Meje** und nordwestlich in **Poljud**. Vom Westende der Riva folgt man der Uferstraße *Branimirova obala* und gelangt schließlich bei der Marina nach Westen schwenkend zum **Museum Kroatischer Archäologischer Denkmäler** 16 (Muzej hrvatskih arheoloških spomenika, Stjepana Gunjace b.b., Tel. 021/323901, www.mhas-split.hr, Mo–Fr 9–13 und 17–20, Sa 9–13 Uhr, Eintritt frei). Die Sammlung – eine der bedeutendsten kroatischer Kultur – zeigt Exponate aus der Zeit von der Völkerwanderung bis zum späten Mittelalter, darunter Sarkophage, Waffen und Werkzeuge. Das wichtigste Ausstellungsstück ist das aus Nin stammende, im 9. Jh. gefertigte **Taufbecken** des ersten christlichen kroatischen *Fürsten Višeslav*. Weiter westlich erreicht man an der Meštrovića 46 die **Galerie Meštrović** 17 (Galerija Meštrovića, Šetalište Ivana Meštrovića 46, Tel. 021/340800, www.mestrovic.hr, Mai–Sept. Di–So 9–19, Okt.–April Di–Sa 9–16, So 10–15 Uhr). Die in den 1930er-Jahren nach Plänen von Ivan Meštrović errichtete Sommerresidenz des Künstlers zeigt einen Querschnitt durch das Schaffen des international renommierten Architekten und Bildhauers in Stein, Holz und Bronze. In der Kapelle des 500 m westlich gelegenen **Meštrović Kaštelet** sind seine Holzreliefs mit einem Christus-Zyklus ausgestellt.

TOP TIPP

Im Stadtteil Poljud, nördlich des Marjan-Hügels, wurde bereits 1820 das **Archäologische Museum** 18 (Arheološki muzej, Zrinsko-Frankopanska 25, Tel. 021/329340, www.armus.hr, Juni–Sept. Mo–Sa 9–14 und 16–20, Okt.–Mai Mo–Fr 9–14 und 16–20, Sa 9–14 Uhr) gegründet, das um-

Von der römischen Provinzhauptstadt Salona blieben nur Grundmauern erhalten

fangreiche Funde aus griechischer, römischer und frühchristlicher Zeit besonders aus dem nahen Salona besitzt. Auf dem Weg zurück ins Zentrum lohnt unweit des Diokletianspalastes der Besuch der **Städtischen Kunstgalerie** 19 (Galerija Umjetnina, Kralja Tomislava 15, Tel. 021/35 01 10, www.galum.hr, Di–Fr 10–18, Sa/So 10–14 Uhr). Mit einer reichen Auswahl an Skulpturen und Gemälden gibt die Sammlung einen guten Überblick über das Kunstschaffen dalmatinischer Künstler vom 15. Jh. bis zur Gegenwart. Außerdem wird eine Ikonensammlung gezeigt. Daneben bietet die Kunstgalerie Raum für Wechselausstellungen zeitgenössischer Kunst.

Berg Marjan

An der Westspitze der Halbinsel von Split erhebt sich der 178 m hohe, bewaldete Berg Marjan, der herrliche Möglichkeiten für einen Spaziergang bietet und einen grandiosen Blick über Stadt und Hafen gewährt. Vom Diokletianspalast aus führt ein Fußmarsch von etwa 15 Minuten zunächst durch den Stadtteil **Veli Varoš** (via Senjska ulica). Über breite Fußwege und Treppen steigt man bergan und erreicht auf halber Höhe eine Aussichtsterrasse mit Café. Dicht unter dem Kamm erhebt sich das Bethlehemkirchlein im Übergangsstil von der Gotik zur Renaissance.

Salona, Klis und Sinj

5 km nördlich vom Zentrum Splits, in der von großen Industrieanlagen geprägten Stadt Solin, liegen die ausgedehnten, aber wenig spektakulären Ruinen des antiken **Salona**. In der fruchtbaren Küstenebene hatten bereits die Griechen eine Siedlung gegründet, die unter den Römern rasch expandierte und zur römischen Hauptstadt der Provinz Dalmatien aufstieg. Während ihrer Blütezeit in der Spätantike zählte die Metropole etwa 50 000 Einwohner. Im 7. Jh. jedoch wurde sie von Slawen und Awaren erobert und zerstört, ein Schlag, von dem sich Salona nicht mehr erholte. Außerhalb der antiken Mauern entstand das neue Solin, das vom 9. bis 11. Jh. Hauptort des kroatischen Königreiches war. Hier wurde 1075 *Fürst Zvonimir* vom päpstlichen Gesandten gekrönt. Die archäologische Zone nahe des Parkplatzes ist touristisch kaum erschlossen. Interessierte können in dem 160 Hektar großen Ausgrabungsgebiet selbst auf Entdeckungstour gehen. Zwischen Olivenbäumen und Gestrüpp schlummern die architektonischen Überreste der antiken Metropole.

Zu dem 11 km nördlich von Split auf 360 m Höhe gelegenen Städtchen **Klis** schlängelt sich die E 71 in Richtung Sinj hinauf. Auf einem Felsen, der den Ort überragt, wurde bereits im frühen Mittelalter eine Festung errichtet, die den Pass ins Landesinnere kontrollierte. Wegen ihrer strategischen Schlüsselposition stets heftig umkämpft, fiel die Festung 1537 an die Türken, die von hier aus Vorstöße gegen Split unternahmen. Erst 1648 befreite ein venezianisches Heer die Burg. Aus türkischer Zeit ist eine Moschee erhalten, die später in eine Kirche umgewandelt wurde. Auch heute noch bietet die Ruine einen imposanten Anblick – und einen noch eindrucksvolleren Ausblick über die Bucht von Split. Der Ort selbst hat kaum Sehenswürdigkeiten zu bieten.

Die Stadt **Sinj** liegt im kargen Bergland der Dalmatinska Zagora, 37 km landeinwärts von Split (via E 71). 1516 eroberten die Türken Stadt und Burg Sinj und beherrschten sie bis zu ihrer Vertreibung durch die Venezianer 1698. In der Folgezeit ließen die Osmanen nichts unversucht, die Stadt zurückzugewinnen. So etwa 1715, als sie Sinj mit 60 000 Infanteristen und Kavalleristen attackierten, denen nur 700 Verteidiger gegenüberstanden. 15 Tage lang leisteten die verwegenen *Alkari* (Ritter) von Sinj der Übermacht Widerstand, bis sie das Türkenheer mit venezianischer Unterstützung schlagen konnten. An diese heldenmütige Tat erinnert seither alljährlich am ersten Augustwochenende die **Sinjska Alka** (www.alka.hr), ein dreitägiges Reiterfest mit Ringstechen und einem umfangreichen Rahmenprogramm. Eröffnet werden die Spiele mit einem Festumzug in historischen Trachten. Aus den glorreichen Tagen des Städtchens ist ansonsten nicht allzu viel erhalten geblieben, doch gibt es zwei sehenswerte Museen: Das **Altertumsmuseum** (Zbirka Franjevačkog samostan, Besichtigung auf Anfrage, Tel. 021/82 43 00) im neuen Flügel des Klosters bietet seinen Besuchern Funde aus der Umgebung von Jungsteinzeit bis Mittelalter. Und das **Museum der Cetina-Region** (Muzej Cetinske Krajine, Tel. 021/ 82 19 49, Mo–Fr 8–16 Uhr, Sa 8–13 Uhr) dokumentiert in verschiedenen Sammlungen die Geschichte der Region.

i Praktische Hinweise

Information

TIC Split (Stadtinformation), Peristil b.b., 21000 Split, Tel. 021/34 56 06, www.visitsplit.com

Bei der Touristeninformation erhältlich ist die 72 Stunden gültige **Splitcard**, die für 35 Kuna/5 € (bei einem Aufenthalt von drei oder mehr Tagen kostenlos) freien Eintritt zu Museen und Galerien sowie Ermäßigungen im Theater, bei Autovermietungen, Hotels, Restaurants bietet.

TZŽ Split-Dalmatia (Region Split und Mitteldalmatien), Prilaz braće Kaliterna 10/1, 21000 Split, Tel. 021/49 00 36, www.dalmatia.hr

TZG Sinj, Put Petrovca 12, 21230 Sinj, Tel. 021/82 63 52, www.visitsinj.com

Stadtführungen

Führungen können sowohl über Hotels und Reiseveranstalter gebucht werden als auch direkt bei den Vereinigungen der Touristenführer in Split:

Turistički vodiči Split
Kneza Domagoja 431, Tel. 021/22 13 74, www.turisticki-vodici-split.hr

Udruga turističkih vodiča Split
Obala Lazareta 3, Tel. 021/36 00 58, www.guides.hr

Hotels

******Judita Palace**, Narodni trg 4, Tel. 021/42 02 20, www.juditapalace.com. Einfach zum Wohlfühlen! Wunderschönes, romantisches Hotel im historischen Palast in zentraler Altstadtlage. Hier stimmt alles, von den stilvoll gestalteten Zimmern über das ausgezeichnete Frühstück bis zum perfekten Service.

******Vestibul Palace**, Iza Vestibula 4, Split, Tel. 021/32 93 29, www.vestibul palace.com. Das im Vestibül des Diokletianspalasts eingerichtete Hotel besticht durch den Kontrast von historischem Gemäuer und stilvoll-moderner Ausstattung.

*****Villa Ana**, Vrh Lučac 16, Split, Tel. 021/48 27 15, www.villaana-split.hr. Kleines, schmuckes Hotel mit einladenden Zimmern nur wenige Minuten vom Diokletianspalast.

Camping

****Camping Stobreč**, Sv. Lovre 6, Stobreč, Tel. 021/325426, www.campingsplit.com. Nach umfassender Renovierung wiedereröffneter Platz, 6 km vom Diokletianspalast; auf einer Halbinsel mit schattigem Wald und schönem Feinkiesstrand. Bushaltestelle (Linie 25) gleich vor der Rezeption mit guter Verbindung ins Zentrum.

Restaurants

TOP TIPP **Boban**, Hektorovićeva 49, Split, Tel. 021/54 33 00, www.restaurant-boban.com. Restaurant der gehobenen Kategorie mit ausgezeichneter mediterraner Meeresküche, besonders empfehlenswert ist Seeteufel in Champagnersauce.

Kod Joze, Sredmanuška 4, Split, Tel. 021/347397. Die nahe dem Peristyl gelegene Konoba ist bekannt für ihre Fischgerichte und Wein aus eigenem Anbau.

24 Brač

Ein wahrer Traumstrand zu Füßen einer wildromantischen Gebirgswelt.

Mit fast 400 km² ist Brač die größte Insel Dalmatiens und die drittgrößte Kroatiens. Während die dem Festland zugewandte Seite vergleichsweise dicht besiedelt ist, blieb die zerklüftete Südküste weitgehend menschenleer. Seine landschaftliche Schönheit verdankt Brač dem rauen Gebirgsblock, der das Eiland längs durchzieht und an der Südküste mit schroff zerrissenen Felswänden jäh ins Meer abstürzt. Ferienzentrum ist Bol, dessen überaus beliebtem Strand *Zlatni rat* Brač den einzigen Flughafen der dalmatinischen Inseln verdankt.

»Insel ohne Geschichte, ohne Paläste und Denkmäler, ohne Wege, ohne Reben und Ölbäume, ohne Brot und Wasser« nannte der 1876 in Postira auf Brač geborene Dichter *Vladimir Nazor* seine Heimat. Während die Nachbarinseln bereits von den Griechen in Besitz genommen wurden, blieb Brač – hier gibt es nur an der Südküste einige wenige Quellen – weitgehend unbesiedelt. Die ersten, die in größerer Zahl hier landeten, taten dies nicht freiwillig. Es waren römische Sklaven, die den ›Bračer Marmor‹ für den Bau der Hauptstadt Salona brechen mussten. Auch ihre Nachfolger kamen nicht aus freien Stücken, sondern suchten auf dem unwegsamen Eiland Schutz. Nach dem Einfall der Awaren und Slawen im 6. Jh. und auch nach den Eroberungen durch die Türken 1000 Jahre später zogen sich Bewohner vom Festland in die Berge von Brač zurück. Dass die Insel lange Zeit eine Fluchtburg war, zeigt auch die Lage der historischen Hauptstadt Nerežišća. Wie ein Adlerhorst thront sie an der Nordflanke des Gebirgszuges fast 400 m über dem Meer.

Supetar

Die aus Split kommenden Fährschiffe laufen in dem an der Nordküste gelegenen Städtchen **Supetar** (3000 Einw.) ein, dem Verwaltungs- und Wirtschaftszentrum der Insel. Vom belebten Fährkai sind es nur wenige Schritte zu der von Palmen und gemütlichen Lokalen gesäumten Uferpromenade. Dass Supetar einer der Tummelplätze der zahlreichen Brač-Urlauber ist, vermutet man beim Anblick dieses beschaulichen Ambientes kaum. Doch da alle Hotels außerhalb im Kiefernwald liegen, trübt kein Betonbau die dörfliche Silhouette. Einzig die Verwaltungsgebäude an der Promenade, eine Hinterlassenschaft aus venezianischer und österreichischer Zeit, und der einladende Hauptplatz mit Kirche, Rathaus und Uhrturm verleihen dem größten Inselstädtchen ein wenig städtisches Flair.

In westlicher Richtung erreicht man die Landzunge Sveti Nikola, an deren Beginn sich ein von Kiefern gesäumter Sandstrand erstreckt. An Hotels vorbei führt der Weg zum Friedhof, der mit einer Reihe bemerkenswerter Grabanlagen aufwartet. Das imposante, orientalisch verspielte **Petrinović-Mausoleum** (Petrinović mauzolej) entwarf der Spliter Bildhauer *Tomo Rosandić* 1914 für die Reederfamilie *Petrinović* aus Supetar. Vom Friedhof aus kann man außerdem wunderschöne Sonnenuntergänge erleben.

Inselrundfahrten

Von Supetar schlängelt sich die Küstenstraße hoch über dem Meer entlang der buchtenreichen Nordküste und erreicht schon bald den Fischerort **Splitska**. Das winzige Städtchen liegt an der von Pinienwald gesäumten Bucht gleichen Namens und wird von dem 1577 erbauten Kastell *Cerinić* überragt.

Von hier führt eine kleine Straße ins Inselinnere nach **Škrip**, dessen Name vom griechischen *Scripani* (Kalkstein) abgeleitet ist – dem Material, aus dem das Dorf erbaut wurde. Die älteste Ansiedlung von Brač besteht aus einer Ansammlung geduckter Natursteinhäuschen. Der **Radojković-Turm** (Radojković kula) – ein Überbleibsel aus der Antike – beherbergt das Brac Insel-Museum (tgl. 8–20 Uhr). Der Turm selbst erzählt auch einiges zur Geschichte des Städchens und der Insel. Seine unteren Mauerreihen sind illyrischen Ursprungs, die mittleren stammen von den Römern, die oberen aus venezianischer Zeit (16. Jh.). In der Nachbarschaft befindet sich der Friedhof mit der bedeutendsten altkroatischen Kirche von Brač, **Sveti Duk** (Heiliggeistkirche). Das kleine, weiß verputzte Gotteshaus aus dem 9./10. Jh. birgt die Gruft der Adelsfamilie *Cerincić*, deren Wehrschloss gegenüber der Kirche aufragt.

Bei Splitska gelangt man erneut auf die Küstenstraße, die sich wenige Kilometer hinter Postira in die Berge hinaufschraubt und den Blick freigibt auf die an einer tief eingeschnittenen Bucht im Nordosten der Insel gelegene Steinmetzstadt **Pučišća**. Der ganze Ort besteht aus dem weißen, marmorähnlichen Kalkstein, der seit der Römerzeit in den nahen Steinbrüchen gewonnen wird. Der edle ›Bračer Marmor‹ war und ist als Baumaterial begehrt, nicht nur in Dalmatien: Neben dem Diokletianspalast von Split und der Kathedrale von Šibenik wurden auch der Berliner Reichstag und das Washingtoner Weiße Haus aus Marmor der Insel Brač errichtet. Pučišća lebt seit Jahrhunderten von seinen Marmorsteinbrüchen. Die lange Tradition der örtlichen Steinmetzkunst, die große Baumeister wie Juraj Dalmatinac oder Nikola Fiorentinac in das Städtchen führte, wird heute von der einzigen Steinmetzschule Kroatiens fortgeführt. In den Werkstätten kann man die Schüler bei ihrer Arbeit beobachten.

Von der ›Hauptstadt‹ Supetar Richtung Westen führt eine gut ausgebaute Straße zum pittoresken Fischerort **Milna** (900 Einw.), der sich an eine tiefe Bucht schmiegt. Die Ortschaft entstand im 17. Jh. um die Festung Anglišćina und die kleine Pfarrkirche Svete Marije (St. Marien), die die Adelsfamilie *Cerincić* im 16. Jh. errichten ließen. Während der napoleonischen Kriege befestigte Frankreich die Landzunge *Zaglav* an der schmalen Durchfahrt zwischen den Inseln Brač und Šolta, verlor jedoch 1806 die Seeschlacht gegen Russland vor der Küste von Milna und wurde aus der östlichen Adria vertrieben. Kurzzeitig stieg das kleine Städtchen zum russischen Flottenstützpunkt auf. Seine Blüte erlebte der Ort Mitte des

Die palmengesäumte Uferpromenade von Supetar lockt mit vielen Cafés und Geschäften

19. Jh., als Milna 2500 Einwohner zählte und hier große Segelschiffe gebaut wurden. Heute leben die Bewohner vom Fischfang und von den Skippern, die von den einsamen Buchten rund um die Landzunge angelockt werden. Die einzige Marina der Insel mit rund 300 Stellplätzen ist ganzjährig geöffnet.

Die einzige Straße, die von Supetar quer über die Insel zur Südküste führt, windet sich steil das gebirgige Inselinnere hinauf. Auf 400 m Höhe erreicht sie das Städtchen **Nerežišća**, das ab dem 10. Jh. Sitz der Fürsten von Brač war. Seine größte Blüte erlebte es unter den Venezianern. Allzu viele Zeugnisse aus der 800-jähri-gen Geschichte als Hauptstadt sind heute nicht mehr erhalten, doch immerhin besitzt Nerežišća mit dem imposanten Barockbau **Sveta Marija** das größte und eindrucksvollste Gotteshaus der Insel. Die bereits im 13. Jh. errichtete Kirche erfuhr im Laufe der Jahrhunderte mehrere Umbauten und Erweiterungen, im 16. Jh. im Stil der Gotik und Renaissance und im 18. Jh. schließlich barock. Auf den Hügeln der Umgebung stehen mehrere altkroatische Gotteshäuser. Am interessantesten ist das dem Schutzpatron der Insel, dem hl. Georg, geweihte frühromanische Kirchlein **Sveti Juraj** auf einem 496 m hohen Gipfel nördlich des Ortes mit herrlicher Aussicht über die ganze Nordküste.

Etwa 2 km hinter Nerežišća zweigt von der Hauptstraße ein schmaler Teerweg ab. Er führt durch die wildromantische, unter Naturschutz stehende Hochebene der **Vidova Gora** bis zum höchsten Berggipfel aller kroatischen Inseln, dem 778 m hohen Vidovica. Zunächst schlängelt sich das Sträßlein sanft bergan durch Wälder aus uralten, knorrigen Aleppokiefern. Je höher man kommt, desto lichter wird der Baumbestand und schließlich ist eine weite Heidelandschaft erreicht. Die Straße endet an der Abbruchkante fast 800 m über der Südküste, wo sich ein Ausblick von unbeschreiblicher Schönheit eröffnet. Fast senkrecht fallen die Felswände ab und aus dem tiefblauen Meer leuchtet goldgelb das berühmte *Zlatni rat* hervor, Kroatiens schönster Strand, der wie ein Horn in die Adria stößt. Ein Stück weiter östlich liegt das Fischerdorf Bol.

TOP TIPP

Das am Fuße der steil aufragenden Gebirgskette gelegene Fischerdorf **Bol** ist die einzige Siedlung an der zerklüfteten Südküste von Brač. Der Ort, der sich um ein winziges Hafenbecken drängt, ist schon seit der Steinzeit besiedelt, gab es an der unwegsamen Steilküste doch die einzigen Quellen der ansonsten wasserlosen Insel. Heute macht das legendäre ›Goldene Horn‹ Bol zu einem der beliebtesten Urlaubsorte Dalmatiens. Trotz großem Rummel in den Sommermo-

Am Abend erwacht der Jachthafen von Bol mit seinen Fischrestaurants zu Leben

Der 600 m weit ins Meer ragende Zlatni rat zählt zu den schönsten Stränden Kroatiens

naten ist es gelungen, das gewachsene Dorfensemble zu erhalten. Die Hotels für die vielen Urlauber verstecken sich größtenteils im Kiefernwald am Ortsrand.

Von dort führt eine mit dem weißen Bračer Stein ausgelegte Uferpromenade hinaus zum **Zlatni rat** (Goldenes Horn), dem schönsten und ungewöhnlichsten Badestrand Dalmatiens. Denn dieser sanft gekrümmte Streifen aus teils grobem goldgelben Kies und grobkörnigem Sand zieht sich nicht an der Küste entlang, sondern ragt mehr als 600 m in das kristallklare Wasser hinaus. Die Bol zugewandte Seite ist Textilstrand, die andere ist FKK-Anhängern vorbehalten.

Am östlichen Ortsrand thront auf einem kleinen Vorsprung über den Uferklippen die größte Sehenswürdigkeit von Bol, das im 15. Jh. errichtete **Dominikanerkloster** (Dominikanski samostan). Obwohl die Anlage noch von Mönchen bewohnt wird, steht sie Besuchern zumindest teilweise offen. Sehenswert sind die gotische Klosterkirche und das kleine Museum, das eine bunte Sammlung von römischen Amphoren bis zu Ikonen präsentiert. In einem Teil des Klosters entstand vor einigen Jahren das Klosterhotel Sveti Kriz (www.hotel-svetikriz.hr) – für Hotelgäste ist auch der Klostergarten zugänglich. In unmittelbarer Nachbarschaft steht die mittelalterliche Kirche **Sveti Ivan i Tudor** (St. Johannes und St. Theodor), in deren Innerem Reste von Fresken eines frühromanisch-byzantinischen Gotteshauses (6. Jh.) erhalten sind.

Die abgeschiedene Bergwelt westlich von Bol lädt zu mehreren außergewöhnlichen Ausflügen ein, die allerdings nur zu Fuß und mit gutem Schuhwerk zu bewerkstelligen sind (ausreichend Flüssigkeit mitnehmen!). Zunächst geht es immer am Strand entlang zum 5 km entfernten Weiler **Murvica**. Von hier führt ein Pfad durch Kiefernwälder bergauf zu einer romantischen Klosterruine. Wenige hundert Meter weiter hat man die **Dračeva luka**, die Drachenhöhle, erreicht. Hier richteten Eremiten eine kleine Kapelle ein und schmückten die Wände mit Reliefs, u. a. einem großen Drachen. Die Höhle kann allerdings nur im Rahmen einer Führung besichtigt werden (Deutsche Führungen: Zoran Kojdić, Tel. 091/514 97 87). Noch etwas einsamer liegt das **Felsenkloster Blaca** (Samostan Blaca, Juni–Okt. Di–So 9–18, Nov.–Mai Di–So 9–15 Uhr), das im Jahr 1588 gegründet wurde. Im Laufe der Jahrhunderte erfuhr die malerische Anlage, die von einer Felswand überragt am steilen Hang klebt, mehrere Anbauten. Bis 1963 war das Kloster noch von Mönchen bewohnt, seither kann man hier ein besonderes Museum besichtigen, das u. a. die historische Sternwarte des Mönchs *Don Milićević* mit Fernrohr und anderen Geräten des Himmelsstudiums umfasst. Zu erreichen ist das Kloster über zwei Pfade, die jeweils eine halbe Stunde Fußmarsch erfordern. Einer beginnt in Dragovoda, das über eine sehr schlechte Piste mit dem Auto zu erreichen ist, der andere in der Bucht Popola vala, zu der im Sommer diverse Ausflugsschiffe von Bol aus verkehren.

In den Fels gebaut – das Kloster Blaca hängt wie ein Adlernest in der steilen Wand

Praktische Hinweise

Information

TZG Supetar, Porat 1 (am Hafen), 21400 Supetar, Tel. 021/63 05 51, www.supetar.hr

TZO Milna, 21405 Milna (an der Hafenpromenade), Tel. 021/63 62 33

TZO Bol, Porat bolskih pomoraca b.b., 21420 Bol, Tel. 021/63 56 38, www.bol.hr

Hotels

******Bretanide Sport & Wellness Resort**, Put Zlatnog rata 50, Bol, Tel. 021/74 01 40, www.bretanide.com. Weitläufige, schöne und gepflegte, in einen lichten Kiefernwald eingebettete Anlage aus weißem Bračer Marmor mit Wellnessoase, großem Sportangebot, Disco und Pool in der Nähe des Goldenen Horns.

******Villa Vela Luka**, Put Vele Luke 10, Supetar, Tel. 021/60 66 06. Zum Velaris Resort gehörende charmante alte Villa in sehr ruhiger Lage umgeben von altem Baumbestand direkt am Strand. Mit Wellness- und Spa sowie Restaurant.

*****Kaštil**, Frane Radića 1, Bol, Tel. 021/63 59 95, www.kastil.hr. Romantisches Hotel mit 32 Zimmern in den Mauern einer alten Burg; das Restaurant besitzt eine hübsche Terrasse, Drinks genießt man in der Cocktail-Bar Varadero.

*****Hotels Zlatni rat**, Bračka cesta 13, Bol, Tel. 021/63 52 10, www.bluesunhotels.com. Der Komplex dieses Unternehmens besteht aus den drei Hotels *****Elaphusa*, *****Borak* und ****Bonaca*. Mit seiner angenehmen Atmosphäre, Unterhaltungsangeboten und gastronomischen Einrichtungen ist dies eine der besten Ferienanlagen Kroatiens.

****Britanida**, Hvratskih velikana 26, Supetar, Tel. 021/63 00 17. Kleines Komforthotel (10 Zi.) in einer Villa mediterranen Stils mit Restaurantterrasse und Meeresblick.

Restaurants

Gumonca, Mirca, Tel. 021/63 02 37, www.gumonca.hr. Exzellente einheimische Küche und eine große Auswahl kroatischer Spitzenweine genießt man auf den beiden Terrassen, inklusive des schönsten Sonnenuntergangs der Insel. Übernachten kann man in eleganten Komfortzimmer der Villa Gumonca.

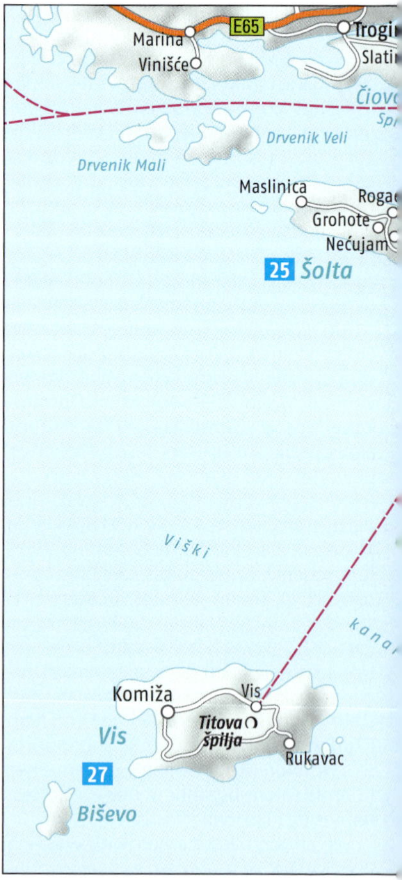

Hazienda, Selca, Tel. 021/62 20 86. In einsamer Bergwelt an der Straße von Gornji Humac nach Selca gelegenes romantisches Natursteinhaus mit kühlem Innenhof, in dem Grillgerichte und Fisch auf den Tisch kommen.

Mlin, Ante Starčevića 11, Bol, Tel. 021/63 53 76. Romantisches Lokal in einer historischen Mühle im alten Teil von Bol, das dalmatinische Gerichte aus frischen Zutaten serviert.

Taverna Riva, Frane Radića 5, Bol, Tel. 021/63 52 36, www.tavernariva-bol.com. Angenehmes Restaurant mit schattiger Terrrasse. Das fangfrische Meeresgetier und die reichhaltigen Fischplatten sind ein Genuss auf höchstem Niveau.

Tomić, Gornji Humac, Tel. 021/64 72 28, www.konobatomic.com. Traditionelle Konoba mit malerischer Dachterrasse, die für ausgezeichneten Käse berühmt ist. Besonders gut sind die Gerichte mit zartem Milchlamm. Unbedingt probieren!

Vinotoka, Jobova 6, Supetar, Tel. 021/63 09 69. Beliebter Weinkeller am Hafen mit großer Auswahl, die von Hausmannskost über Grillfisch und -fleisch bis zu delikaten Hummergerichten reicht.

Vladimir Nazor, Vidova Gora, Tel. 021/54 90 61. Rustikale Berghütte am Steilabbruch über Bol. Bei Inselspezialitäten und Wein kann man eine grandiose Aussicht genießen (Mitte Juni–Mitte Sept. geöffnet).

25 Šolta

Malerische Buchten und Strände auf einer noch weitgehend unentdeckten Insel.

Nur durch einen engen Meereskanal von der Westspitze der Insel Brač getrennt,

erstreckt sich das buchtenreiche Šolta (52 km², 1500 Einw.) vor der Küste von Split. Das Eiland ist geprägt von sanften Hügeln mit silbern schimmernden Olivenhainen. Ein Großteil der Bewohner lebt noch immer von der Landwirtschaft. Der Tourismus hingegen beschränkt sich bislang auf den Hauptort Grohote, den Hafenort Stomorska und die große Ferienanlage in der tiefen Bucht Nećujam.

Wie alle Inseldörfer ist auch **Grohote** (600 Einw.) eine pittoreske Ansammlung grauer Natursteinhäuschen, die sich um die Dorfkirche scharen. Nur wenn die Fähre von Split im nahen Fährhafen **Rogac** anlegt, beleben sich seine Gassen. Betriebsam sind dagegen die Kiesstrände der Bucht **Nečujam**, die 4 km östlich von Grohote tief ins Land eindringt.

i Praktische Hinweise

Information

TZO Grohote, Podkuća 8, 21430 Grohote, Tel. 021/65 41 23, www.solta.hr

Hotel

TOP TIPP ******Martinis Marchi Hotel & Restaurant**, Put Sv. Nikole 51, Maslinica, Grohote, Tel. 021/57 27 68 (Hotel), www.martinis-marchi.com. Zauberhaftes Hotel mit eigener Marina in einem historischen Schlossgebäude.

Restaurants

Es gibt mehrere kleine Restaurants im Fischerdorf **Maslinica** und in **Stomorska**. Als mit das beste der Insel gilt das Restaurant **Kamenica** in Stomorska (Riva Pelegrin 1, Tel. 091/534 73 96).

26 Hvar

Mondäne Sommerfrische auf blühender Lavendelinsel.

Nur bis zu 11 km breit, aber 68 km lang ist Hvar, das sich wie eine Seeschlange aus dem Meer erhebt. Der lange, schmale Schwanz, der mehr als zwei Drittel des Eilandes ausmacht, besteht aus sanft welligem, von Feldern und Weiden bedecktem Hügelland. Lavendel, Oleander, Feigenbäume und Zypressen verleihen der Gegend ein fast toskanisches Flair. Das milde Klima und ihr üppiges Pflanzenkleid verdankt die Insel ihrer Nachbarin Brač, deren hohes Gebirge sie vor der Bora schützt. Ein anderes Bild präsentiert der Kopf der Inselschlange. Dort erheben sich über 600 m hohe Berge, und Landwirtschaft ist nur an wenigen Stellen möglich. Der Fremdenverkehr konzentriert sich auf die Küstenorte *Jelsa*, *Vrboska*, *Stari Grad* und *Hvar*, die sich in subtropischer Vegetation an geschützte Buchten schmiegen.

Griechische Kolonisten gründeten im 4. Jh. v. Chr. beim heutigen Stari Grad die Siedlung *Pharos*, von der sich der Name

Inselidyll – das Städtchen Stari Grad an der tiefen Bucht im Nordwesten von Hvar

›Hvar‹ ableitet. Der Ort Hvar, der sich im ungarisch-kroatischen Königreich zu einer bedeutenden Stadt entwickelte, wurde ab 1420 von Venedig zu einem Flottenstützpunkt zum Schutz der Handelswege im östlichen Mittelmeer ausgebaut. Die venezianische Herrschaft endete 1797, als zuerst Österreich und dann Frankreich die Insel an sich rissen. 1918–22 und 1941–43 wurde sie von Italien besetzt; dazwischen gehörte sie zum Königreich der Serben, Kroaten und Slowenen. Nach der Kapitulation Italiens landeten 1943 deutsche Truppen auf Hvar und blieben bis zum Herbst 1944. Bereits früh erlangte der Fremdenverkehr Bedeutung. Das milde Klima lockte schon Anfang des 20. Jh. betuchte Gäste nach Hvar, das sich zu einem mondänen Kurort entwickelte.

Die festungsartig ausgebaute Kirche Sveta Marija in Vrboska

Stari Grad

Im Nordwesten von Hvar, an einer 6 km tiefen, fjordartigen Bucht, gründeten die Griechen 389 v. Chr. die Siedlung Pharos, die allerdings bereits 219 v. Chr. von den Römern zerstört wurde. Antike Zeugnisse sind – abgesehen von spärlichen Überresten der griechischen Zyklopenmauer – nicht erhalten. Stari Grad (1200 Einw.) entwickelte sich Anfang des 19. Jh. zu einem wichtigen Seehafen, heute macht die Autofähre von Split das Städtchen zum Verkehrs- und Wirtschaftszentrum der Insel.

An der Uferpromenade laden gemütliche Bars und Cafés zum Verweilen ein. Dort, wo sich die Straße zum weiten

Tvardoj trg öffnet, erhebt sich das bedeutendste Baudenkmal der Stadt, **Schloss Tvrdalj** (Tvrdalj dvorac, tgl. 10–12 und 18–20 Uhr). Der wehrhafte Landsitz des bekannten kroatischen Dichters *Petar Hektorović* (1487–1572), der das einfache Leben der Landbevölkerung zum Thema seiner Werke machte, entstand 1520–69. Die ganze Schönheit des Renaissancebaus zeigt sich, wenn man durch die Eingangshalle den stillen Innenhof mit Fischteich und Laubengang betritt.

Nur wenige Schritte in westlicher Richtung logiert heute im *Palais Biancini* das **Stadtmuseum** (Muzej Staroga grada, Ulaz braće Biankini 2, Tel. 021/76 63 24, www.stari-grad-museum.net, Mai/Juni/Sept. Mo–Sa 10–13, Juli/Aug. Mo–Sa 10–12 und 19–21, So 19–21 Uhr). Neben antiken Fundstücken aus einem Schiffswrack und einem Kapitänszimmer des 19. Jh. ist hier die Ausstellung ›Pharos – das antike Stari Grad‹ zu sehen, die über die Ursprünge der Ortschaft informiert. Enge Gassen führen von der Uferpromenade in die verwinkelte Altstadt, in deren Mitte sich die Pfarrkirche **Sveti Stjepan** (1605) erhebt. Interessanter ist jedoch die kleine Kirche **Sveti Nikola** (14. Jh.), in der Votivbilder von Stari Grader Segelschiffen zu sehen sind. Das festungsartige, 1482 errichtete **Dominikanerkloster** (Sommer tgl. 9–13 und 18–21, Winter tgl. 10–12 Uhr) birgt ein kleines Museum, dessen interessantestes Stück, das wertvolle Gemälde Tintorettos, ›Die Beweinung Christi‹, von Petar Hektorović in Auftrag gegeben wurde.

Vrboska und Jelsa

An der Ostküste der zerfransten Halbinsel *Maslinovik*, die sich zwischen Stari Grad und Jelsa ins Meer erstreckt, liegt das Fischerdorf Vrboska (500 Einw.). Eine kleine Brücke überspannt malerisch die schmale Meeresbucht. In den Dorfgassen herrscht selbst während der Sommermonate eine beinahe klösterliche Stille.

Hauptattraktion von Vrboska ist die Wehrkirche **Sveta Marija**, die während der türkischen Belagerungen zu Beginn des 16. Jh. mehrfach niedergebrannt und deshalb von den Bewohnern 1575 als Festung wieder aufgebaut wurde. Das nur 20 m lange Gotteshaus wirkt mit seinen 15 m hohen, praktisch fensterlosen Mauern ungemein wuchtig. Zwei Wehrtürme, Zinnen und eine wie ein gewaltiger Rammsporn spitz zulaufende Schanze verwandeln Sveta Marija in eine abweisende Trutzbug. Nur ein winziger Glockenturm erinnert an ein Sakralgebäude.

Die im 15. Jh. errichtete und im 17. Jh. barock erneuerte Pfarrkirche **Sveti Lovrijnac** (St. Laurentius) besitzt überaus sehenswerte Gemälde. Das Triptychon des Hochaltars mit Szenen aus dem Leben des hl. Laurentius wird *Tizian* zugeschrieben.

Wenige Kilometer weiter östlich schmiegt sich der Fischerort **Jelsa** in eine geschützte Bucht. Wem die Stadt Hvar zu turbulent, Vrboska aber zu still ist, der ist hier genau richtig. Ein paar im nahen Kiefernwald gelegene Ferienanlagen bringen ausreichend Gäste, um die kleine Promenade zu beleben, aber doch nicht so viele, dass sie die Dorfidylle stören würden. Nur Ende August, wenn die Gemeinde ihre ›Dani Vina‹, die Weintage, feiert, verwandelt sich ganz Jelsa in einen bunten Festplatz mit Feuerwerk. Neben dörflichem Charme locken schöne **Strände** die Besucher an. Besonders bei FKK-Freunden beliebt ist das unbesiedelte Inselchen *Zečevo*, zu dem in der Saison ein Boot verkehrt.

Südöstlich von Jelsa erstreckt sich die Hochebene von Grabac mit der winzigen, bereits im 13. Jh. gegründeten Hirtensiedlung **Humac**. Nach 8 km auf der Hauptstraße Richtung Sućuraj erreicht man einen Parkplatz, von dem aus ein ausgeschilderter Feldweg in einer etwa zweistündigen Wanderung zu dem entlegenen Dorf führt. Die schlichten, aus Feldsteinen erbauten und mit Steinplatten gedeckten Häuschen mit offenen Feuerstellen dienten über Jahrhunderte den Hirten als Unterschlupf. Heute werden sie von den Weinbauern der Umgebung während der Ernte genutzt.

Am Südhang des 350 m hohen Berges *Grabak* öffnet sich das unterirdische Labyrinth der **Grapčeva špilja**, einer Höhle, die als steinzeitlicher Kultort eine der wichtigsten prähistorischen Stätten Dalmatiens ist. Allerdings sollte man alleine nicht weiter als bis in die von märchenhaften Tropfsteinen geschmückte Eingangshalle gehen, denn die Höhle besteht aus einem bislang nur teilweise erforschten Labyrinth von Gängen. Das Tourismusbüro Vrboska (Tel. 021/77 41 37) bietet Führungen (Mitte Juni–Mitte Sept. Mo, Mi, Sa, Start 9 Uhr) an, sonst auf Anfrage unter Tel. 099/577 17 70. Info: www.vrboska.info

TOP TIPP

Eine Fahrt ins Blaue – Ausflugsschiffe tuckern von Ort zu Ort, von Insel zu Insel

Hvar

Steil und kurvenreich klettert die Straße von Stari Grad in die Berge hinauf, schlängelt sich 20 km durch karges Weideland und führt dann hinunter zur Bucht von Hvar, an der sich in üppig subtropischer Vegetation das Städtchen Hvar (3700 Einw.) ausbreitet. Die elegante Hafenpromenade säumen alte Grandhotels, dahinter verstecken sich zahlreiche venezianische Villen. Hoch über dem Ort thront eine Festung mit herrlichem Blick über die Bucht. Lage, Natur und Architektur von Hvar verschmelzen harmonisch und ergeben eine verführerische Mischung aus mediterranem Bilderbuchstädtchen und mondänem Belle-Epoque-Kurort.

Vom kleinen Hafenbecken öffnet sich der lang gestreckte *Trg Svetag Stjepana*

Vom Hvarer Hafen öffnet sich der von Palästen und der Kathedrale gesäumte Trg Sveti Stjpana

mit den bedeutendsten Sehenswürdigkeiten von Hvar. Der kleine, 1550 aufgestellte Brunnen in der Mitte verliert sich fast auf dem mit 4500 m^2 größten Marktplatz von Dalmatien. Beherrscht wird das Platzensemble von der zwischen dem 16. und 18. Jh. errichteten **Katedrala Sveti Stjepan** (St. Stefan), die durch einen imposanten kleeblattförmigen Barockgiebel und einen fünfgeschossigen schlanken Renaissance-Glockenturm besticht. Das Innere der dreischiffigen Basilika ist schlicht – abgesehen von den insgesamt elf Barockaltären. Die wertvollen Kirchenschätze aus der 850-jährigen Geschichte Hvars als Bischofssitz zeigt das **Dommuseum** (Mai–Okt. Mo–Sa 10–12 und 17–19, Nov.–April Mo–Fr 10–12 Uhr) im benachbarten *Bischofspalast*.

Direkt am Hafenbecken, auf der westlichen Seite des Platzes, markiert eine 10 m breite Arkadenöffnung den Eingang zum venezianischen **Arsenal**, das 1579 für die Reparatur von Kriegsschiffen errichtet wurde. Eine kostbare Besonderheit birgt das erst nachträglich aufgestockte Obergeschoss. Hier wurde 1612 eines der ersten nachantiken kommunalen *Theater* in Europa eröffnet. Dem im ursprünglichen Zustand erhaltenen Schmuckstück ist heute eine *Galerie für zeitgenössische kroatische Kunst* angegliedert. Gegenüber erhob sich einst der viertürmige Fürstenpalast. Nach der Zerstörung durch die Türken 1571 wurde jedoch nur die **Stadtloggia** (Gradska loža) im Stil der Spätrenaissance wieder aufgebaut. Mit ihren harmonischen Bögen und dem Figurenfries unterhalb der Balustrade gilt sie als die schönste Loggia Dalmatiens. Heute ist sie verglast und dient dem *Palace Hotel* als Café. Von den Türmen ist nur der Uhrturm erhalten, der ebenfalls in die Nobelherberge integriert wurde.

Vom Trg Sveti Stjpana führt ein Fußweg durch enge Gassen hinauf zum Burgberg. Auf halbem Weg passiert man die **Benediktinerinnenabtei** (Benediktinski samostan), deren kleines *Museum* (Mai–Okt. Mo–Sa 10–12 und 17–19 Uhr) Gemälde, Ikonen und filigrane Spitzendecken aus Agavenfasern präsentiert. Nach kurzem Aufstieg ist die **Festung Španjola**, die 1557 von den Venezianern und nicht, wie der Name vermuten lässt, den Spaniern errichtet wurde, erreicht. Von der Terrasse des Restaurants eröffnet sich ein traumhafter Blick über die Hvarer Bucht.

Ein weiterer Spaziergang führt der Uferpromenade entlang zur Landzunge am Südende der Hafenbucht. Dort liegt in der Stille eines ummauerten Gartens das große **Franziskanerkloster** (Franjevački samostan), das 1461 als Matrosenherberge erbaut wurde. Der Kreuzgang mit seinen monumentalen Halbbögen

Stilvoll – die venezianische Loggia in Hvar wurde in das Luxushotel ›Palace‹ integriert

wird in den Sommermonaten als stimmungsvoller Rahmen für klassische Konzerte genutzt. Das kleine *Museum* (Mai–Sept. Mo–Sa 10–12 und 17–19 Uhr) im Refektorium zeigt eine Kunst- und Botaniksammlung. Die Klosterkirche von 1470 besitzt einen der schönsten Renaissancetürme Dalmatiens und birgt zudem ein eindrucksvolles Polyptychon (1583) von *Francesco de Santacroce*.

Daneben machen zahlreiche **Bademöglichkeiten** Hvar zu einem beliebten Urlaubsort. Etliche einsame Buchten an der Südwestküste sind allerdings nur vom Meer aus zu erreichen. Zu den schönsten Badeinseln Kroatiens zählen die unbewohnten **Pakleni otoci**, die Hölleninseln, die mit ihren Sand- und Kiesstränden für die Urlauber allerdings eher ein Paradies sind. Zu den größeren pendeln Badeboote; die kleineren sind nur mit dem eigenen Boot bzw. einem Mietboot zu erreichen.

i Praktische Hinweise

Information

TZG Stari Grad, Obala Dr. Franje Tuđmana 1, 21460 Stari Grad, Tel. 021/76 57 63, www.stari-grad.hr

TZG Hvar, Trg Svetog Stjepana b/b, 21450 Hvar, Tel. 021/74 10 59, www.tzhvar.hr

TZO Jelsa, Riva b.b., 21465 Jelsa, Tel. 021/76 10 17, www.tzjelsa.hr

Nachtleben

Carpe Diem, Obala Oslobođenja, Hvar, Tel. 021/74 23 69, www.carpe-diem-hvar.com. Schickster Klub der Insel, unmittelbar an der Uferpromenade. Während des Sommers der In-Treffpunkt der Insel (tgl. 9–2 Uhr).

Hotels

*****Palace**, Trg Sv. Stjepana 5, Hvar, Tel. 021/74 19 66, www.suncanihvar.com. Traditionsreiches, elegantes Grandhotel an der Hafenpromenade mit Blick auf die Bucht, Restaurant-Café in der venezianischen Loggia und Dach-Swimmingpool.

****Villa Dalmacija**, Šetalište put Križa 13, Hvar, Tel. 021/74 11 20, www.suncanihvar.com. Auf der Südseite der Hafenbucht an der Promenade gelegenes Traditionshotel mit herrlichem Blick auf Hvar und die Bucht.

****Sirena**, Oresta Žunkovića 1, Hvar, Tel. 021/74 11 04, www.hotelsirena-hvar.com. Hotelkomplex in kleiner Bucht südlich von Hvar mit Bootshafen und Blick auf die Hölleninseln.

Restaurants

Lambik, Milna 92, Tel. 091/596 95 65, www.konoba-lambik.com. Idyllisch unter alten Olivenbäumen und zwischen duftenen Lavendelsträuchern gelegenes Lokal. Meisterhafte kroatische Küche.

Gostionica Milina, Uvala Milna hvarska, Hvar, Tel. 021/74 50 23. Das unscheinbare Lokal serviert hervorragende Fisch- und Fleischgerichte.

Eremitaz, Put Rudine, 2, Stari Grad, Tel. 091/542 83 95. Einladende Terrasse mit Blick auf Hafenbucht und Stari Grad, ausgezeichnete dalmatinische Küche.

Panorama, Hvar/Smokovnik, Tel. 021/74 25 15. Terrassenrestaurant auf einem Berg 3 km außerhalb von Hvar mit sehr guter dalmatinischer Küche und umwerfendem Panoramablick.

Restaurant Faria, Duh Sveti 4, Hvar, Tel. 021/74 17 26. Schönes Gartenlokal unter Bäumen mit sehr nettem Wirt, dalmatinischer Küche und gutem Hauswein aus eigenem Anbau.

27 Vis und Biševo

Einsame Strände und faszinierende Höhlen.

Fernab vom Festland ragt die Insel **Vis** (91 km²), um die sich weitere kleine Eilande scharen, aus dem Meer. Als die Illyrer 2000 v. Chr. den wuchtigen Kalkfels besiedelten, tauften sie ihn Issa (›Befestigter Ort‹). Dionysios von Syrakus gründete hier 397 v. Chr. die erste griechische Kolonie der östlichen Adria. Die spärlichen Überreste der antiken Stadt sind nördlich des heutigen Hauptortes Vis zu besichtigen. Bis 1989 war die Insel als militärischer Vorposten für Ausländer gesperrt, jetzt steht sie wieder allen offen. Außer Seglern, die hier ankern, verirren sich jedoch nur wenige ausländische Gäste in das Inselparadies.

Die Fähren aus Hvar und Split legen in dem auf der Festlandsseite gelegenen Hafen von **Vis** an. In den stillen Gassen des Städtchens stehen einige ansehnliche Häuser aus der Renaissance- und Barockzeit. Im ehemaligen Wohnhaus der Familie Dojmi-Delupis ist das *Archäologische Museum* (Sommer Di–So 10–13 und 17–21 Uhr) untergebracht, das eine kleine, aber wertvolle Sammlung von illyrischer bis römischer Zeit präsentiert.

Von Vis führt die einzige Straße der Insel kurvenreich in die wildromantische Gebirgslandschaft hinauf und schlängelt sich hinüber zur Westküste. Auf halber Strecke, nahe dem Weiler *Žena Glava*, versteckt sich die nur 80 m lange, über einen Trampelpfad zu erreichende **Titova špilja**, die Tito-Höhle. Die nach dem späteren jugoslawischen Ministerpräsidenten benannte Grotte war 1944 Partisanenhauptquartier. An der steilen Flanke des 587 m hohen Berges Hum mit traumhafter Aussicht über die Bucht geht es wieder hinab in das verträumte **Komiža**. Das Fischerdörfchen aus ein paar Dutzend grauer Steinhäuschen ist perfekt für Urlaubstage fernab aller Hektik. Zum Baden lockt direkt beim Ort ein kleiner, goldgelber Sandstrand.

Das vorgelagerte, abgesehen von ein paar Hirten unbewohnte Eiland **Biševo** (6 km²) ist ein stiller Ort, der nicht nur wunderbare Buchten und Strände, sondern auch zehn Höhlen bietet. In die nur mit dem Boot erreichbare, oberhalb der

TOP TIPP

Bucht Balun gelegene **Modra špilja** (Blaue Höhle) scheint die Sonne mittags durch Öffnungen unter der Wasseroberfläche hinein und lässt das Wasser fantastisch blau und die Wände silbern schimmern. Eine zweite sehenswerte Grotte, die 160 m lange **Medvidova špilja** (Mönchsrobbenhöhle), fasziniert durch besonders schöne Tropfsteine.

i Praktische Hinweise

Information

TZG Vis, Šetalište Stare Isse 5, 21480 Vis, Tel. 021/71 70 17, www.tz-vis.hr

Hotels

******Hotel San Giorgio**, Petra Hektorovića 2, Vis, Tel. 021/71 13 62, www.hotelsangiorgiovis.com. Charmantes und stilvoll ausgestattetes kleines Hotel. Üppiger Garten mit Palmen, Zitronen- und Orangenbäumen. Für Abenteurer im Angebot: ein Apartment im Leuchtturm mit Privatstrand.

****Biševo**, Ribarska 72, Komiža, Tel. 021/71 32 79, www.hotel-bisevo.com.hr. Einziges Hotel im Ort. Großes, auf mehreren Ebenen angelegtes Gebäude in Hanglage. Terrasse mit Blick auf Hafen.

Restaurants

Lola Konoba & Bar, Matije Gupca 12, Vis, Tel. 095/563 32 46, www.lolavisisland.com. Lauschiges Idyll mit Garten mitten in historischen Zentrum. Kleines aber feines Angebot an Speisen.

Konoba Bako, Ivana Gundulića 1, Komiža, Tel. 021/71 37 42, www.konobabako.hr. Rustikale Konoba am Strand, in der zwischen Amphoren frische Fische und Krebse serviert werden.

Biševo

Mosor-Küste und Makarska-Riviera – traumhafte Strände vor einsamer Gebirgskulisse

Hinter Split ändert sich das Küstenbild erneut. Wieder rücken mächtige Felswände an die Adria heran: zunächst das **Mosor-Gebirge**, das durch die Cetina-Schlucht bei **Omiš** in Poljica und Omiško Primorje unterteilt wird, und ab der Vrulja-Bucht das gewaltige **Biokovo-Massiv**. Während die Gipfel der *Poljica* eine Höhe von knapp 600 m erreichen und genügend Raum für einen schmalen Küstensaum lassen, ragen sie im *Omiško Primorje* bis zu 864 m empor – so jäh und schroff, dass die Küstenstraße sich in schwindelnder Höhe durch die Karstwand arbeiten muss. Schließlich ist der Biokovo erreicht. Stolze 1767 m ragt hier der **Sveti Jure** in den dalmatinischen Himmel. Und da er fast unmittelbar aus dem Meer aufsteigt, wirkt er höher als mancher Dreitausender in den Alpen, der sein Umland nur wenig überragt. Dennoch ist dieses Küstengebirge alles andere als kahl und abweisend. Dichte Pinienwälder hüllen seinen Fuß in herbes Grün. Und trotz des steilen Abbruchs ist Platz für einen Küstenstreifen mit langen Sand- und Kiesstränden – die berühmte **Makarska-Riviera**. Hier reiht sich über 50 km hinweg ein Badeort an den anderen, von **Brela** im Nordwesten bis **Gradac** im Südosten. Bis an den Strand reichen die Pinienwälder, die Städtchen versinken im Grün der Palmwedel, Feigenbäume und Tamarisken. Und über allem erhebt sich die grandiose Kulisse der weißen Felsen.

28 Omiš

Altes Seeräuberstädtchen am Ausgang der Cetina-Schlucht.

28 km südöstlich von Split erstreckt sich das Hafenstädtchen Omiš in einzigartiger Lage am Fuße des *Mosor-Gebirges*. Eng an den Fels geklammert steigen die Häuser am steilen Hang empor, überragt von Kirchtürmen und alten Festungsruinen. Und mittendrin durchbricht die *Schlucht* der *Cetina* das weiße Karstgestein und bahnt sich ihren Weg ins Meer.

Der bereits in römischer Zeit als *Oneum* gegründete Ort erlebte seine größte Blüte im Mittelalter, als Piraten aus dem Neretva-Delta (zwischen Ploče und Neum) die natürliche Festung zwischen Felsen, Fluss und Küste entdeckten und sie zu ihrem wichtigsten Stützpunkt ausbauten. Von hier aus kaperten sie jahrhundertelang Handelsschiffe und machten sogar Venedig tributpflichtig. 1444 schließlich fiel das Piratennest an die Venezianer – unbesiegt allerdings, denn die mächtige Stadtrepublik kaufte es dem letzten ungarisch-kroatischen König Ladislaus von Neapel ab und nutzte es fortan als Bollwerk gegen die Türken.

An die abenteuerliche Vergangenheit von Omiš erinnern noch Teile der Befestigungsanlage, vor allem aber die beiden Burgruinen hoch über der Stadt: die im 13. Jh. erbaute Festung Mirabella (Tvrdjava Mirabella) auf 245 m Höhe und die **Festung Starigrad** (Tvrđjava Starigrad) auf 311 m. Der Aufstieg ist steil, doch die Anstrengung lohnt, denn oben erwartet den Betrachter ein beein-

TOP TIPP

Wunderschöne Badestrände locken an der Makarska-Riviera, die sich über 50 km von Brela im Norden bis nach Gradac im Süden an der kroatischen Adria erstreckt

Das gewaltige Mosor-Gebirgsmassiv reicht bei Omiš fast bis an die Küste heran

druckender Panoramablick über den Ort und die vorgelagerten Inseln.

Das Städtchen selbst besitzt einige sehenswerte Gotteshäuser, wie die an der Hauptstraße *Pjaca* gelegene Kirche **Sveti Mihovil** (1604–29) mit einem frei stehenden, auf einem separaten Felsen errichteten Turm. Das **Stadtmuseum** (Gradski muzej Omiš, Ante Starčevića 5, Tel. 021/86 18 47, Mai–Sept. Mo–Sa 8–20 Uhr) in einem Renaissancebau nahe Sveti Mihovil präsentiert in seinen archäologischen, historischen und ethnografischen Abteilungen Exponate aus der Region Poljica. Eine Kostbarkeit ist das altkroatische Kirchlein **Sveti Petar** aus dem 10. Jh. am jenseitigen Ufer der Cetina. Der nur 6 x 11 m große, einschiffige Bau mit Tonnengewölbe und Kuppel zeigt byzantinische Einflüsse und ist eine der schönsten und am besten erhaltenen Kirchen dieser Art.

Die wildromantische **Cetina-Schlucht** bietet hervorragende Wander- und Klettermöglichkeiten. Folgt man der am Südufer des Flusses verlaufenden Straße durch den Canyon, so erreicht man nach 6 km zwischen grünem Wasser, Wald und weißem Fels das Ausflugslokal *Radmanove Mlinice*. Wanderer finden hier mehrere markierte Pfade, die durch das Tal führen, und an den steilen Felswänden bieten sich Routen für Kletterer.

i Praktische Hinweise

Information

TZO Omiš, Trg kneza Miroslava b.b., 21310 Omiš, Tel. 021/86 13 50, www.tz-omis.hr

Hotels

***__Villa Dvor__, Mosorska 13, Omiš, Tel. 021/86 34 44, www.hotel-villadvor.hr. Charmantes Boutique-Hotel mit 23 Zimmern mit grandiosem Blick auf den Fluss, die Altstadt und das Meer.

***__Holiday Village Sagitta__, Ruskamen b.b., Lokva Rogoznica, Tel. 021/75 52 22, www.sagitta.hr. Weitläufige Ferienanlage, 7 km südöstlich von Omiš. Hotelzimmer, Apartments sowie Bungalows; Sportmöglichkeiten, eigener Sandstrand.

Camping

***__Camping Galeb__, Vukovarska 7, Omiš , Tel. 021/86 44 30, www.kamp.galeb.hr. Großer, weitgehend schattiger Platz mit langem, flachem Sandstrand und gutem Restaurant.

Restaurant

Radmanove Mlinice, Tel. 021/86 20 73, www.radmanove-mlinice.hr. Das beliebte Ausflugslokal 6 km außerhalb von Omiš ist in einer alten Mühle untergebracht. Hervorragend sind die frischen Forellen und das Lamm am Spieß. Abends gibt es zur Unterhaltung Tanzmusik.

29 Brela und Baška Voda

Seebäder mit langen Kiesstränden.

Kurz vor Brela bietet die Küstenstraße spektakuläre Ausblicke über die Vrulja-Bucht bis hin zur Insel Brač. Dann schlängelt sich die Magistrale hinunter zur Küste, wo eine Tafel den Beginn der **Makarska-Riviera** verkündet, der kroatischen Badeküste par excellence. Auf den nächsten 50 km folgen dann einige der schönsten Badeorte der östlichen Adria mit langen Stränden vor der gewaltigen Kulisse des steil aufragenden Biokovo.

Das erste Seebad der Makarska-Riviera ist das unterhalb der Küstenstraße gelegene **Brela**. Der gepflegte alte Ortskern wird von eleganten Villen und einer schönen Uferpromenade umgeben. Eine gute Auswahl an Hotels sowie lange, von einem dichten Kiefernwald gesäumte Kiesstrände locken zahlreiche Urlaubsgäste an. Besonders bei jüngeren Besuchern beliebt ist der von Kiefern bewachsene Felsen nahe dem lang gezogenen Strand nordwestlich der Ortschaft, von dem man mehrere Meter tief ins Meer springen kann.

Das Seebad **Baška Voda**, nur wenige Kilometer südlich von Brela, wurde nach der Vertreibung der Türken 1684 nahe einer Quelle gegründet, daher sein Name, der ›Sprudelndes Wasser‹ bedeutet. Mit Pinienwäldern und einem langen Kiesstrand ist der Ort beliebtes Ziel der Badeurlauber. Sehenswert ist das *Muschelmuseum* (Srida 3, Sommer Mo–Sa 10–12, 18–20 Uhr) und die *Archäologische Sammlung* (Blato 4, 9.30–12 u. 18–21 Uhr).

i Praktische Hinweise

Information

TZO Brela, Trg Alojzija Stepinca b.b., 21322 Brela, Tel. 021/61 84 55, www.brela.hr

TZO Baška Voda, Obala sv. Nikole 31, 21320 Baška Voda, Tel. 021/62 07 13, www.baskavoda.hr

Hotels

****__Croatia__**, Iza Palaca 1, Baska Voda, Tel. 021/69 59 00, www.orvas-hotels.com. Schmucker Palazzo in zentraler Lage mit schönen großen Zimmern. Sehr gutes und vielfältiges Frühstück.

****__Villa Bacchus__**, Obala Sv. Nikole 89, Baška Voda, Tel. 021/69 51 90, www.hotel-bacchus.hr. Elegantes Haus in unmittelbarer Nähe des Ortskerns und nur wenige Schritte vom Strand entfernt.

***__Soline__**, Trg Gospe od Karmela 1, Brela, Tel. 021/60 32 07, www.hotelsolinebrela.com. Hotelkomplex im Kiefernwald, terrassenförmig angelegt, mit großem Wellness-Angebot.

***__Maestral__**, Filipinska 1, Brela, Tel. 021/60 31 90, www.hotelmaestralbrela.com. Hotelanlage im Kiefernwald mit langem Kiesstrand.

Restaurants

Arka, Kneza Domagoja 4, Brela, Tel. 021/61 81 41. Am Strand gelegenes Restaurant mit guten Meeresspezialitäten.

Altkroatische Kirchen

Aus vorromanischer Zeit (7.–11. Jh.) sind im Bereich der dalmatinischen Küste rund 300 Sakralbauten erhalten. Die meisten von ihnen stammen aus der Zeit der **kroatischen Herrscherdynastie** (9.–11. Jh.), die mit der Regentschaft Fürst Trpimirs 852 begann und mit dem Tod von König Stjepan II. 1102 endete. Daher werden sie auch als **altkroatische** Kirchen bezeichnet.

Die Natursteinbauten, festungsartig und weitgehend fenster- und schmucklos, sind eine Weiterentwicklung der **Bujes** – Rundhütten aus trocken aufgeschichtetem Mauerwerk mit gewölbtem Dach, wie man sie noch heute als Schutz- und Gerätehäuschen in den Weinbergen sieht. Charakteristisch für diese frühen Gotteshäuser ist ein runder oder rechteckiger, durch Apsiden erweiterter **Zentralraum**, später treten auch andere Grundrissformen auf wie Kreuzkuppelkirchen und Basiliken.

Der älteste, vollständig erhaltene altkroatische Sakralbau ist die Kreuzkuppelkirche **Sveti Križ** in Nin aus dem 9. Jh. [s. S. 39]. Auch wenn die häufig vertretenen überkuppelten Zentralbauten wie das größte und bedeutendste Gotteshaus dieser Art, **Sveti Donat** in Zadar [s. S. 22], byzantinischem Einfluss zugeschrieben werden, gilt der Typus der altkroatischen Kirchen doch als eigenständige Stilentwicklung. Sie wurde schließlich von der Romanik italienischer Prägung abgelöst, die mit den Venezianern an die Ostküste der Adria kam.

Hier werden Ferienträume wahr – kieferngesäumter Strand von Baška Voda

Konoba Galinac, Ulica Sv. Jurja bb, Brela/Kričak, Tel. 021/61 82 51, www.konoba-galinac.hr. Einzigartige Lage im 700 m Höhe im Ortsteil Kričak, tolle Panoramaterrasse mit Blick auf die Küste. Prima dalmatinische (Meeres-)Küche, Spezialität: Weiße und Rote Buzzara, ein Muschelgericht

Katara, Ribičići, Brela, Tel. 021/61 84 54. Typische Gerichte der Region bietet die gemütliche Altstadt-Konoba. Organisiert werden auch Fischernächte, traditionelle Feiern mit Musik und Gesang.

30 Makarska

Geschichtsträchtiges Badeparadies unter Palmen.

Zwischen dem leuchtenden Grün von Pinien und Palmen schmiegt sich die Hafenstadt Makarska harmonisch an den Hang einer weiten Bucht. Davor glitzert verführerisch blau das Meer und dahinter steigt als mächtige Kulisse die weiße Wand des Biokovo empor.

Das bereits in römischer Zeit als *Inaronia* gegründete Makarska blickt auf turbulente Jahrhunderte mit ständig wechselnden Machthabern zurück. Ab dem 7. Jh. gehörte der Ort zum Stammesgebiet der Kroaten und war ein Zentrum der neretvanischen Piraten. Die Regentschaft der kroatischen und ungarisch-kroatischen Könige dauerte bis zum 14. Jh., dann gewann das bosnische Fürstengeschlecht der *Kotromanić* (1324–1463) die Oberhand in der Region. Zwischen 1499 und 1646 war Makarska türkische Garnisonsstadt, 1646–1797 stand sie unter der Oberhoheit der Venezianer. 1797–1918 gehörte der Hafenort zu Österreich, unterbrochen durch ein Intermezzo der Franzosen (1805–13). In der jüngeren Vergangenheit, 1962, richtete ein Erdbeben schwere Schäden an, aus den Trümmern erhob sich Makarska als blühender Urlaubsort.

Belebtes Zentrum von Makarska ist der weite *Kačićev trg*, benannt nach dem heimischen Dichter und Philosophen *Andrija Kačić Miošić* (1704–1760). Seine Statue – 1889 von Ivan Rendić geschaffen – beherrscht auf einem hohen Podest stehend die Platzmitte. An der nördlichen Schmalseite erhebt sich die bescheidene, 1766 vollendete Barockkirche **Sveti Marka** mit einem einfachen venezianischen

Glockenturm. Flankiert wird der Kačićev trg von zwei stilvollen Barockpalästen: dem *Palais Ivanišević* im Osten mit prachtvollem Innenhof und dem *Palais Tonoli* im Westen, in dem heute das **Stadtmuseum** (Gradski muzej, Mai–Sept. Mo–Sa 8–12, Okt.–April Mo–Fr 7–15 Uhr) Quartier bezogen hat. Unterhalb des Platzes führt eine breite Treppe zur Uferpromenade hinab und zum Hafen, von dem aus Fähren nach Brač verkehren.

Östlich vom Zentrum, über die *Marineta* und den *Franjevački put* zu erreichen, liegt das 1614 errichtete **Franziskanerkloster**, das neben einer Kunstgalerie das äußerst sehenswerte **Malakologische Museum** (Malakološki muzej, Mo–Fr 10–12 Uhr) birgt. Dieses besitzt eine der reichsten Muschel- und Schneckensammlungen der Welt. In Schaukästen sind Tausende von Schalentieren aus allen Weltmeeren zu sehen sowie eine kleine Kollektion von Versteinerungen aus den Kalkbergen der Region.

In entgegengesetzter Richtung führt die Uferpromenade zur bewaldeten Halbinsel *Sveti Petar*. Von hier bietet sich ein herrlicher Blick auf die Altstadt und die umliegenden Felsstrände. Der 1500 m lange, von Pinienwald gesäumte kieselige Stadtstrand **Donja Luka** erstreckt sich nordwestlich der Halbinsel, wo sich auch die meisten Hotelanlagen befinden. Noch weiter nordwestlich liegen kleine, von Felsen eingefasste Sandbuchten. FKK-Freunde haben ihr Revier südlich der Stadt am **Nugal-Strand**.

Am Fuß des Biokovo gelegen, bietet sich Makarska für **Wanderungen** in die Gebirgsregion an. Die faszinierende Landschaft rund um den höchsten Gipfel *Sveti Jure* (1767 m), in der Gemsen, Mufflons und Luchse leben und über 2000 Pflanzenarten gedeihen, wurde als **Naturpark Biokovo** unter Schutz gestellt. Auf markierten Pfaden kann man von den nahe gelegenen Dörfern *Veliko Brdo* und *Makar* aus – Wandererfahrung und zweckmäßige Ausrüstung vorausgesetzt – in ca. fünf Stunden bis zur Bergspitze hinaufsteigen. Wer weniger gut zu Fuß ist, kann von Ma-

Makarska bietet eine palmengesäumte Uferpromenade vor prächtiger Gebirgskulisse

karska aus auch bis dicht unter den Gipfel fahren: Die bestens ausgebaute Mautstraße führt vom südlichen Ortsausgang zunächst steil bergauf nach *Gornji Tučepi*. Dort zweigt dann links ein schmales Sträßchen ab, das sich in kaum gesicherten Serpentinen die nahezu senkrechte Wand emporwindet. Unmittelbar vor der Kammhöhe erreicht man die wie auf einem Aussichtsbalkon gelegene Berggaststätte **Vrata Biokova** (Tel. 021/61 39 02, www.vratabiokova.com). Auf der Terrasse werden Peka-Topf, Käse, Schinken, Wein und hauseigener Kräuterschnaps aus Heilpflanzen serviert. Weiter geht es durch einsames Hochland, bis die Straße kurvenreich fast bis zur Spitze des Sveti Jure hinaufklettert.

i Praktische Hinweise

Information

TZG Makarska, Obala kralja Tomislava 16, 21300 Makarska, Tel. 021/61 20 02, www.makarska-info.hr

Naturpark Biokovo, Marineta – Mala Obala 16, Makarska, Tel. 021/61 69 24, www.biokovo.com. Hier erhält man Informationen über Ausflüge in den Biokovo, über Wanderwege und Berghütten.

Biokovo Active Holidays, Kralja Petra Krešimira IV 7 b, Makarska, Tel. 021/67 96 55, www.biokovo.net. Bietet organisierte Bergtouren.

Hotels

******Meteor**, Kralja Petra Krešimira IV 19, Makarska, Tel. 021/56 42 00, www.hoteli-makarska.hr. Über mehrere Terrassen angelegtes Hotel am Stadtstrand, 400 m westlich vom Zentrum mit Pool und breitem Sportangebot.

*****Dalmacija**, Put Cvitačke b.b., Makarska, Tel. 021/51 05 00, www.hoteli-makarska.hr. Der äußerlich nicht sehr ansprechende, moderne Hotelbau an der Promenade, 800 m westlich vom Zentrum, bietet komfortable Zimmer, einen Pool und eine Marina.

*****Porin**, Marineta 2, Makarska, Tel. 021/61 37 44, www.hotel-porin.hr. Stilvolles Hotel in einem Renaissance-Palazzo aus dem 19. Jahrhundert in toller Lage, zentrumsnah und direkt am Wasser. Besonders schön sind die Zimmer mit Meerblick und die Dachterrasse.

Restaurants

Jež, Kralja Petra Krešimira IV 90, Makarska, Tel. 021/61 17 41. Bestes Restaurant im Ort, gehobenen Kategorie, erstklassige mediterrane Küche.

Kleine Wiege der Menschenrechte

Im Hinterland von Omiš erstreckte sich einst auf einem rund 250 km² großen Gebiet die **freie Republik Poljica**. Trotz ihrer geringen Größe gelang es ihr durch geschickte Diplomatie, fast 900 Jahre lang im Schnittpunkt konkurrierender Großmächte die Autonomie zu bewahren.

Der Legende zufolge soll die Republik Mitte des 10. Jh. von drei Söhnen des entthronten kroatischen **Königs Miroslav** gegründet worden sein. Erstmals schriftlich erwähnt wurde sie 1102 als autonome Republik unter ungarischer Krone. 1444 unterstellte sie sich der **Oberhoheit Venedigs**, das ihr die volle Autonomie eines freien Fürstentums gewährte. Mit dem Fall der Festung Klis [s. S. 76] geriet die Poljica 1573–1699 unter türkische Herrschaft und stellte sich nach Vertreibung der Osmanen wieder unter den Schutz Venedigs. Erst in österreichischer Zeit, ab 1797, wurde die Autonomie eingeschränkt und dann unter **französischer Herrschaft** 1807 ganz aufgehoben.

Die Republik Poljica hatte ihr eigenes Rechtssystem und ihren eigenen, höchst bemerkenswerten Gesetzeskodex, das 1444 in kroatischem Kyrillisch (Bosancica) abgefasste **Poljicer Statut**. Es bestimmte, dass alle wichtigen Entscheidungen von der Volksversammlung zu treffen sind, der die erwachsenen Bürger angehörten, und es schrieb schon damals das Grundrecht auf Leben fest, während im mittelalterlichen Rechtssystem anderer europäischer Nationen Todesstrafe und Folter gang und gäbe waren.

Es ist vermutet worden, dass **Thomas More** von Poljica zu seinem Buch ›Utopia‹ inspiriert wurde, das die Schilderung einer idealen, auf Gemeineigentum beruhenden Gesellschaft zum Thema hat. Die Ausgabe von 1516 zeigte auf der Titelseite vier Zeilen in der Schrift der Utopier, die der Glagoliza ähnlich ist.

Ein bewaldeter Uferstreifen und das Biokovo-Gebirge prägt die dalmatinische Küste bei Drvenik

Konoba Mlinice, Put Mlinica b.b., Makarska, Tel. 021/61 58 89. Traditionelle Taverne mit dalmatinischen Spezialitäten wie Peka-Topf. Am Wochenende gibt's Lamm am Spieß.

Susvid, Kačićev trg 8, Makarska, Tel. 021/61 27 32, www.susvid.com. Rustikal mit altem Bauerngerät dekoriertes Lokal am Hauptplatz, das gute dalmatinische Fisch- und Fleischspezialitäten serviert.

31 Tučepi, Igrane und Gradac

Schöne Badeorte südlich von Makarska.

Nur 4 km hinter Makarska liegt bereits der nächste beliebte Badeort, **Tučepi**, der mit einem kilometerlangen Sand- und Kiesstrand, Kiefernwäldern und einer Marina aufwartet. Sehenswert ist die einschiffige romanisch-gotische Kirche *Sveti Jure* (um 1311) im alten Zentrum, deren Turm innen mit Weihekreuzen ausgemalt ist. Daneben befindet sich der *Archäologische Park* (Arheoloških park), der mit Resten einer Villa Rustica (1./2. Jh.), eines spätantiken Oratoriums, einer mittelalterlichen Kirche und eines Klosters die Entwicklung des Ortes dokumentiert.

Rund 3 km weiter folgt das in die Küstenwälder eingebettete **Podgora** mit schönem Strand. **Igrane**, ein kleiner Badeort, wartet mit dem wohl bedeutendsten Kulturdenkmal der Makarska-Riviera auf, der vorromanischen, tonnengewölbten Kirche *Sveti Mihovil* (St. Michael), die auf einem Hügel oberhalb des Dorfes thront. 30 km hinter Makarska erreicht man **Drvenik**, den Fährhafen für Sućuraj auf Hvar. Südlichster Ort der Makarska-Riviera ist **Gradac** mit einem der schönsten Strände der östlichen Adria, der sich unweit des Hafens in der Bucht Gornja Vala erstreckt.

i Praktische Hinweise

Information

TZO Tučepi, Donji Ratac 30, 21325 Tučepi, Tel. 021/62 31 00, www.tucepi.com

Hotels

****__Afrodita__, Dračevice 33, Tučepi, Tel. 021/60 11 11, www.resortafroditatucepi.com. Gepflegte, sehr beliebte Anlage in bester Lage direkt am Strand.

****__Alga__, Dračevice 35, Tučepi, Tel. 021/60 12 02, www.tucepihotelalga.com. Großer Ferienkomplex direkt am Strand mit Restaurant, Bar, Pizzeria und riesigem Pool.

TOP TIPP ****__Villa Andrea__, Kamena 46, Tučepi, Tel. 021/69 52 40, www.villa-andrea.info. Der Tipp für alle, die Ruhe und Erholung suchen. Wunderschönes Ambiente, toller Service.

Rund um die Halbinsel Pelješac – der blühende Garten Dalmatiens und das bezauberndste aller Hafenstädtchen

Kurz hinter Gradac schwenkt die Adria-Magistrale von der Küste weg und verläuft durch karstiges Hügelland am Ufer des *Baćinska jezero*. Zwischen dem See, der Küste und einem Arm der Neretva liegt der Fährhafen **Ploče**. Dahinter öffnet sich das weite, 100 km^2 große **Neretva-Delta**, ein Sumpfland, das erst um 1900 weitgehend trockengelegt und in einen üppigen Garten verwandelt wurde. Bis heute sind die Marschwiesen und Sümpfe ein Refugium für viele seltene Vogelarten. Die Küstenstadt **Neum** mit den Villen einstiger Parteibonzen aus sozialistischer Zeit ist ein Kuriosum: staatsrechtlich gehört der schmale Meerzugang zur Republik Bosnien und Herzegowina, touristisch gesehen aber zu Kroatien. Mit mildem Klima, üppiger Pflanzenwelt und stillen Buchten setzt sich der süddalmatinische Archipel in Szene. Vom Tourismus wenig berührt ist die gebirgige Halbinsel **Pelješac** mit den Festungsanlagen von *Ston* und traumhaften Stränden bei *Orebić*. Schräg gegenüber leuchtet die Festungsstadt **Korčula** über das Wasser und lockt Besucher auf die gleichnamige Insel. Das bezaubernde Hafenstädtchen und schöne Strände sind die Hauptattraktionen des Eilandes.

32 Ploče und das Neretva-Delta

Eine Industriestadt und ein Refugium für Wasser- und Zugvögel.

Die auf halber Strecke zwischen Split und Dubrovnik gelegene Hafen- und Industriestadt **Ploče** (rund 11 000 Einw.) ist wenig einladend und bietet weder Sehenswürdigkeiten noch Badestrände. Dafür eignen sich die fischreichen Gewässer der nahen Umgebung, der Baćinska jezero (Baćina-See) und das Neretva-Delta, bestens zum Angeln.

Östlich von Ploče erstreckt sich das weit verzweigte Wasserlabyrinth des **Neretva-Deltas** – ein Paradies für zahlreiche Wasser- und Zugvögel. Seit das Sumpfgelände teilweise trockengelegt wurde, ist das weite Flusstal mit seinen blühenden Feldern zugleich der fruchtbare Garten Süddalmatiens. Kurz bevor die Neretva in die Adria mündet, gabelt sie sich in ein rundes Dutzend Arme, die durch zahllose Kanäle weiter aufgegliedert werden. Jahrhundertelang waren die unwegsamen Sümpfe um Ploče Machtzentrum der berüchtigten **Neretvaner**, eines slawischen Stammes, der sich der Seeräuberei verschrieben hatte. Bis nach Omiš erstreckte sich ihr Reich *Paganien* im 9.–13. Jh. und umfasste zeitweise die Inseln Brač, Hvar, Korčula und Mljet. Ende des 14. Jh. gerieten sie unter die Oberhoheit der bosnischen Könige, ihre Macht war gebrochen, und schließlich konnte sich Venedig das Piratenreich einverleiben.

Das Städtchen Orebić liegt idyllisch auf der Südseite der Halbinsel Pelješac, mit idyllischen Stränden in der nahen Umgebung

33 Neum

Küstenstädtchen im schmalen bosnischen Korridor.

Kurz hinter dem Badeort *Klek* erreicht man die Grenze zu **Bosnien und Herzegowina**. Für die Transitstrecke durch den nur 8 km breiten Korridor, in dem man mit Kuna bezahlen kann, reicht der Personalausweis, das gilt auch, wenn man Bosnien selbst bereisen will.

Den heute überwiegend von bosnischen Kroaten bewohnten Korridor überließ die Republik Ragusa (Dubrovnik) im 17. Jh. den Osmanen – als schützende Pufferzone zu den venezianischen Gebieten in Mittel- und Norddalmatien. Als nach dem Zweiten Weltkrieg die Grenzen der jugoslawischen Teilrepubliken festgelegt wurden, blieb das Nadelöhr bestehen und verschaffte Bosnien und Herzegowina somit einen schmalen Zugang zum Meer, der auch 1995 im Abkommen von Dayton festgeschrieben wurde. Während der sozialistischen Ära war Neum beliebte Sommerfrische der Politprominenz, die sich hier ihre Sommervillen errichtete. Daneben entstanden in den 1970er- und 1980er-Jahren einige riesige Hotelburgen.

i Praktische Hinweise

Information

TZ Neum, Kralja Tomislava 4, 88390 Neum, Tel. 00387/36/88 01 17, www.hercegovina.ba

Hotel

*****Villa Nova**, Primorska 7, Tel. 003 87/36/88 52 20, www.villa-nova.info. Kleines Hotel mit eigenem Strand. Die Zimmer sind etwas klein, die Apartments aber großzügig. Gute Küche.

34 Trsteno

Mediterrane und exotische Pflanzen in einem blühenden Renaissancegarten.

Über den kleinen, in einer tiefen Bucht gelegenen Badeort *Slano* erreicht man das Dörfchen **Trsteno**, das mit einer überraschenden Attraktion aufwartet: dem 3 ha großen **Arboretum Trsteno** (tgl. 8–17 Uhr, Führungen auf Anfrage, Tel. 020/75 10 19), einem Renaissancegarten. Zwischen 1494 und 1502 ließ sich die Dubrovniker Patrizierfamilie *Gučetić* 20 km nordwestlich der Adriametropole eine prachtvolle Sommervilla errichten – mit einem weitläufigen Park voller exotischer Bäume. Obwohl Teile des Arboretums 1991 im Jugoslawienkrieg zerstört wurden, ist ein Spaziergang durch den Garten ein Erlebnis. Hunderte, teils seltene Baumarten sind hier im milden Klima zu prachtvollen Exemplaren herangewachsen, darunter zwei über 400 Jahre alte Platanen.

i Praktische Hinweise

Information

TZG Dubrovacko primorje, Trg Ruđera Boškovića 1, 20232 Slano, Tel. 020/87 12 36, www.visit-slano.com

Das einstige Sumpfgelände des Neretva-Deltas wurde teilweise entwässert und in landwirtschaftlich nutzbare Parzellen aufgeteilt

Hotel

***Osmine, Put od Osmina b.b., Slano, Tel. 020/872100, www.hotel-osmine.hr. Kinderfreundliches All inclusive-Hotel zwischen Zypressen direkt am Strand. Restaurant, Pool und Sportangebote.

35 Pelješac

Einsames Bergland zwischen der längsten Verteidigungsmauer Europas und den Traumstränden von Orebić.

Die nach Istrien zweitgrößte Halbinsel Kroatiens, Pelješac, misst an ihrer breitesten Stelle zwar nur 7 km, erstreckt sich jedoch auf einer Länge von 70 km wie ein schmaler Schlauch zwischen der dalmatinischen Küste und den Inseln Mljet und Korčula. Mit der französischen Bezeichnung ›Presque-isle‹ – Fastinsel – ist sie treffend beschrieben, denn tatsächlich verbindet sie nur ein schmaler Landstreifen zwischen Neum und Slano mit der Küste. Von Ploče aus kann man Pelješac auch mit der Autofähre erreichen, die in der Ortschaft Trpanj an der Nordostküste anlegt. Die bereits von Illyrern, Griechen und Römern besiedelte Halbinsel fiel nach dem Untergang des Weströmischen Reiches an Byzanz. Im 9. Jh. wurde sie von neretvanischen Piraten erobert, ab 1333 war sie Vorposten der Republik Ragusa, die ihre Salzvorkommen nutzte und Ston zum Kriegshafen ausbaute. Ab dem 17. Jh. gewann durch den Seehandel vor allem das an der Einfahrt zum Pelješki kanal gelegene Orebić an Bedeutung.

Ston

Den engen Isthmus, der Pelješac zur Halbinsel macht, flankieren die beiden Ortsteile Veliki (Groß-) Ston und Mali (Klein-) Ston. Sie wurden ab 1333 als Vorposten Ragusas angelegt, befestigt und durch die längste Verteidigungsmauer Europas quer über die Landenge hinweg verbunden. Sie sollte den Kriegshafen und vor allem die Salinen von Pelješac schützen. 40 Türme, ein Kastell und zwei Bastionen sicherten die 5,5 km lange Mauer. Nach ihrer Restaurierung ist die **Mauer von Ston** (Sommer tgl. 8–18, Winter tgl. 8–15 Uhr) nun in großen Teilen zu begehen.

Das als unregelmäßiges Fünfeck angelegte **Veliki Ston** (600 Einw.) ist von einer 980 m langen Mauer umgeben und

In Ston auf Pelješac befindet sich die längste Verteidigungsmauer Europas

durch ein wuchtiges, 1357 angelegtes Kastell, **Veliki kaštio**, gesichert. Westlich davon öffnet sich der Hauptplatz *Gradska plača*, den die Kirche **Sveti Vlaho** (St. Blasius) beherrscht. Sie wurde 1870 anstelle eines durch ein Erdbeben zerstörten Gotteshauses aus dem 16. Jh. im neogotischen Stil erbaut. Links dahinter erhebt sich der schlichte **Rektorenpalast** (Knežev dvor), der während der Renaissance errichtet, im 19. Jh. aber erweitert und umgebaut wurde. In nordöstlicher Richtung gelangt man zum 1537 errichteten **Bischofspalast**, dessen *Lapidarium* unter den Arkaden antike und mittelalterliche Steinmonumente präsentiert. Weiter geht es zum **Franziskanerkloster** (Franjevački samostan) mit der 1347 im Übergang von Romanik zu Gotik entstandenen Kirche **Sveti Nikola**. Das Innere birgt bedeutende Kunstwerke, darunter ein bemaltes Kruzifix von *Blaž Trogiranin*. Die mächtige Stadtmauer bietet einen herrlichen Blick über den Ort.

Auf einem Hügel außerhalb der Ortschaft erhebt sich eine besondere Kostbarkeit: das im 9. Jh. errichtete und hervorragend erhaltene vorromanische Kirchlein **Sveti Mihovil**. Hoch aufstrebende Mauern, die durch schmale Fenster und schlanke Blendbögen betont werden, verleihen dem Gotteshaus eine schlichte Eleganz. Im Inneren befinden sich wertvolle frühromanische *Fresken*, die u. a. den Kirchenstifter sowie den hl. Michael zeigen. **Badestrände** findet man am Stonski kanal und in der sandigen Prapratna-Bucht.

Das kleine, von einem rechteckigen Wall umgebene Wehrdorf **Mali Ston** (150 Einw.) ist bekannt für seine Austern- und Muschelzucht, deren frische Ernte in den hier ansässigen Restaurants köstlich zubereitet wird. Nur zu Fuß zu erreichen ist die hoch über dem Ort gelegene, 1335 erbaute Burgruine *Pozvizd*, von der man einen schönen Blick ins Umland genießt.

Inselrundfahrt

Durch fruchtbare Täler zieht sich die Hauptstraße der Länge nach über die Halbinsel – einmal geht es durch Karst und Macchia, dann durch üppige Olivenhaine und Rebgärten. In Dubrava führt ein Abzweig linker Hand nach **Žuljana**, einem kleinen Badeort mit Sand- und Kiesstränden. Hinter Dubrava klettert die Hauptstraße in die streckenweise fast alpinen Berge hinauf. Rechter Hand schlängelt sich ein Sträßchen durch reizvolle Gebirgslandschaft hinab nach **Trpanj**, wo die Fähren aus Ploče einlaufen. Links geht es in steilen Serpentinen zur Südküste hinunter, immer wieder ergeben sich herrliche Blicke auf die *Trstenica-Bucht* mit einem der schönsten Sandstrände Dalmatiens und auf die weißen Hänge des *Sveti Ilija*.

Zu Füßen des 961 m hohen Berges liegt das malerische Hafenstädtchen **Orebić** (2000 Einw.) – benannt nach einer Kapitänsfamilie, die im 16. Jh. das Kastell, aus dem sich der spätere Ort entwickelte, errichten ließ. Mit den Villen pensionierter Adriakapitäne und prachtvollen subtropischen Gärten ist es heute das touristische Zentrum des Pelješac. An die große Vergangenheit als Seehafen – im 19. Jh. besaß die heimische Reederei Pelješac 33 Großsegler – erinnert das **Schifffahrtsmuseum** (Pomorski muzej, Trg Mimbelli, Juni–Sept. Mo–Fr 9–12 und 17–20, Sa/So 17–20 Uhr, sonst Mo–Fr 9–14 Uhr). Hier werden Seekarten, Navigationsgeräte und Schiffsmodelle ausgestellt. Am westlichen Ortsende führt ein steiler Teerweg hinauf zum **Franziskanerkloster** (Mo–Sa 9–12 und 16–18, So 16–18 Uhr) aus dem 15. Jh., dessen schlanker Turm mit den Zypressen um die Wette gen Himmel strebt. Im Inneren der 1486 von *Mihoč Radišić* erbauten Klosterkirche werden Votivbilder mit Segelschiffen sowie ein Madonnenrelief von *Nikola Fiorentinac präsentiert*. Die kleine Loggia vor dem Gotteshaus bietet einen grandiosen Blick hinüber nach Korčula. Auf einem Pfad kann man vom Kloster aus – gute Kondi-

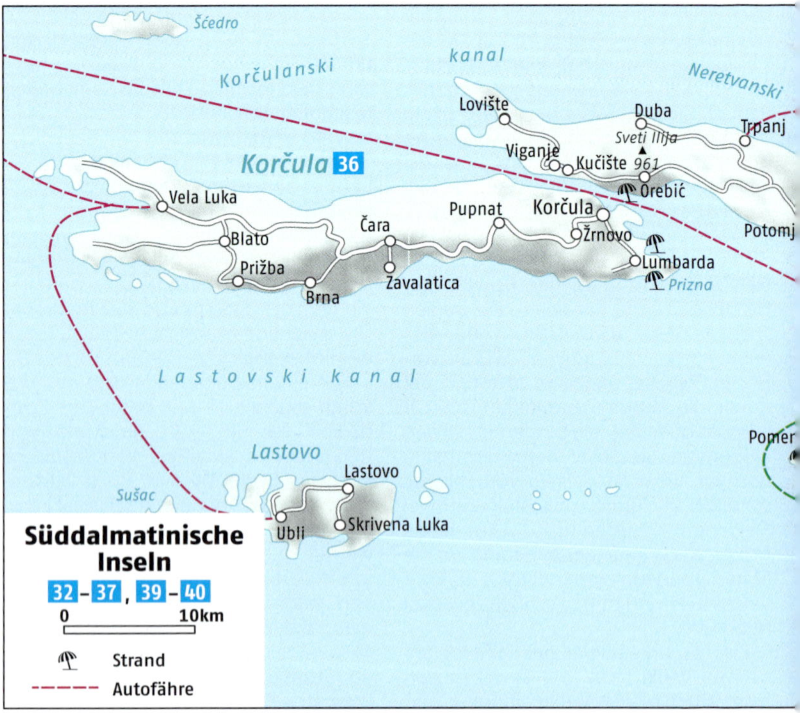

tion und die richtige Ausrüstung vorausgesetzt – in etwa vier Stunden den Gipfel des *Sveti Ilija* erreichen.

Hinter Orebić schwingt sich die schmale Straße von Bucht zu Bucht, vorbei an den ebenfalls von üppiger Vegetation verwöhnten Orten *Kučište* und *Viganj*, bis sie schließlich durch das Inselinnere nach *Lovište* führt.

i Praktische Hinweise

Information

TZO Ston, Pelješki put 1, 20230 Ston, Tel. 020/75 44 52, www.ston.hr

TZO Orebić, TZO Orebić, Zrinsko Frankopanska 2, Tel.020/71 37 18, www.visitorebic-croatia.hr

Hotels

******Boutique Hotel Adriatic**, Šetalište Kneza Domagoja 8, Tel. 020/714488, www.hoteladriaticorebic.com. Mit viel Liebe eingerichtetes, familiengeführtes Haus in bester Lage direkt am Meer.

*****Ostrea**, Mali Ston, Tel. 020/75 45 55, www.ostrea.hr. Intimes, stilvolles Hotel mit neun Zimmern in historischem Stadthaus, herrlich ruhig direkt an der Bucht gelegen. Die Besitzerfamilie Kralj gewann u. a. den kroatischen Staatspreis für Gastwirtschaft und Tourismus.

****Bellevue**, Sveti Križ b.b., Orebić, Tel. 020/71 31 93, www.orebic-htp.hr. Das älteste Hotel von Orebić, was man den angejahrten Zimmereinrichtungen ansieht. Dafür liegt es direkt am Meer, fast alle Zimmer haben tollen Meerblick und die Preise sind günstig.

Camping

******Camping Adriatic**, Fam. Mikulić, Mokalo 6, Tel. 020/71 34 20, www.adriatic-mikulic.hr. Malerischer Platz direkt am Meer. Mit alten Pinien und schönem Fels-/Kiesstrand, Tauchzentrum.

Restaurants

Jadran, Trg Mimbeli b.b., Orebić, Tel. 020/79 75 00. Das an der Uferpromenade über dem Strand gelegene Restaurant serviert Fisch- und Grillgerichte.

Kapetanova Kuća, Mali Ston, Tel. 020/75 42 64, www.ostrea.hr. Traditionsreiches Restaurant, landesweit berühmt für seine regionalen Spezialitäten, besonders für die Muscheln aus eigener Zucht.

Vila Koruna, Obala Maršala Tita 5, Mali Ston, Tel. 020/75 49 99, www.vila-koruna.hr. Der Himmel für Muschel-Liebhaber! Exzellente Austern und andere Muscheln aus eigener Zucht, für die Feinschmecker von weit her anreisen. Mit Gästezimmern.

36 Korčula

An der Nordostküste von Korčula liegt die kleine Schwester von Dubrovnik, das bezauberndste Hafenstädtchen Dalmatiens.

Weltberühmt durch ihre Festungsstadt gleichen Namens, wird die 47 km lange und bis zu 8 km breite Insel Korčula gern mit Brač und Hvar zum mitteldalmatinischen ›Dreigestirn‹ zusammengefasst. Tatsächlich gehört sie jedoch zu den süddalmatinischen Eilanden und ist eine Fortsetzung der Halbinsel Pelješac, von der sie nur der 1,3 km breite *Pelješki kanal* trennt. Autofähren von Orebić laufen Korčula während der Saison fast stündlich an, und auch die Fähre von Rijeka nach Dubrovnik macht hier Station.

Das außergewöhnlich milde und sonnige Klima der Insel lockte bereits im 6. Jh. v. Chr. griechische Kolonisten an, die sie wegen ihrer dunklen Kiefernwälder *Korkyra melaina* (Schwarze Insel) nannten. 35 v. Chr. mussten sie sich den Römern geschlagen geben. Ihnen folgten die Ostgoten unter Theoderich, die byzantinischen Kaiser, neretvanische Piraten, venezianische Dogen, ungarische Könige und die Herren von Ragusa. Zwischen 1420 und 1797 konnten die Venezianer ihre Vorherrschaft behaupten. Dann wechselten Franzosen, Briten und Österreicher einander ab, 1918–21 schließlich hielt Italien die Insel besetzt.

Wer Korčula erkunden möchte, muss erst diese Treppenanlage erklimmen

TOP TIPP Korčula

Hauptattraktion der Insel ist das kleine, an der Nordostküste gelegene Hafenstädtchen Korčula, das aufgrund seiner runden Befestigungstürme häufig als Klein-Dubrovnik bezeichnet wird. Als Kulisse des mittelalterlichen Stadtensembles ragt – jenseits des schmalen Pelješki kanal – der Sveti Ilija steil empor. Doch Korčula fasziniert nicht nur durch seine pittoreske Lage, sondern ebenso durch die planmäßige *Anlage*: Alle wichtigen Gebäude stehen an der Hauptachse, von der wie Blattrippen die Seitengassen abzweigen, die wiederum so angeordnet sind, dass sie kalte Winterwinde abhalten, kühlende Sommerbrisen hingegen in die Häuser leiten.

Über eine neobarocke Freitreppe, die den Stadtgraben überspannt, und den 1571 in die Wehrmauer eingefügten quadratischen Festungsturm **Veliki Revelin** mit dem integrierten Landtor erreicht man das mittelalterliche Zentrum. Der Torinnenseite des Turmes wurde 1650 zu Ehren des venezianischen Feldherrn *Leonardo Foscolo* ein Triumphbogen vorgeblendet. Direkt hinter dem Veliki Revelin öffnet sich der schmale *Trg Braća Radić*, der auf der linken Seite vom **Rathaus**, einem Renaissancebau aus dem 16. Jh. mit offener Loggia, und auf der rechten Seite von der kleinen, im 17. Jh. entstandenen Kirche **Svetog Mihovila** flankiert wird.

Schnurgerade führt die Gasse hinauf zum *Trg Svetog Marka*, dem Hauptplatz am höchsten Punkt der Altstadt. Dieser wird gesäumt von Adelspalästen, dem Bischofspalast und der mächtigen **Katedrala Svetog Marka** (St. Markus), dem im 14./15. Jh. errichteten, bedeutendsten Bauwerk der Stadt. *Bonino da Milano* schuf 1412 das eher schlichte, von zwei Löwen flankierte *Hauptportal*, dessen Lünette ein Relief des Kirchenpatrons ziert. Weniger bekannte lokale Meister führten den Bau fort, und der aus Korčula stammende Bildhauer *Marko Andrijić* setzte dem quadratischen Glockenturm seine leichte

Das Bilderbuchstädtchen Korčula fasziniert durch sein geschlossenes mittelalterliches Stadtbild

runde Haube auf. Von ihm stammt auch das filigrane Ziborium (1486) über dem Hauptaltar der dreischiffigen Basilika, während das 1550 geschaffene Altargemälde mit den Stadtpatronen Markus, Bartholomäus und Hieronymus ein Frühwerk des Venezianers *Jacopo Tintoretto* ist. Die barock ausgestattete Kapelle **Sveti Rok** wurde 1525 von *Marko Pavlović* an das Nordschiff angefügt.

Die umliegenden Gebäude beherbergen zwei interessante Museen. Neben der Kathedrale entstand im 17. Jh. der barocke **Bischofspalast** (Opatska palača, tgl. 9–13 und 17–19.30 Uhr), der heute die *Schatzkammer* beherbergt. Präsentiert werden Gemälde einheimischer und venezianischer Meister sowie Skizzen von *Leonardo da Vinci*. Glanzstück der Sammlung ist ein Polyptychon von *Blaž Jurjev Trogiranin*. Gegenüber, in dem im 16. Jh. errichteten **Gabrieli-Palast**, informiert das *Stadtmuseum* (Gradski muzej, Tel. 020/711420, Juli–Sept. tgl. 9–21, Okt.–Juni Mo–Sa 10–15 Uhr) über die Geschichte von Korčula. Breiten Raum nimmt dabei die Schiffsbau- und Steinmetzkunst ein. Neben Schiffsmodellen wird eine mittelalterliche Steinmetzwerkstatt gezeigt. Der angrenzende gotische **Arneri-Palast** besitzt einen schönen Innenhof.

Vom Trg Svetog Marka führt ein ausgeschilderter Weg in nördlicher Richtung zum **Marco-Polo-Haus** (Kuća Marka Pola, Juli–Sept. tgl. 9–21, Okt.–Juni 9–15 Uhr). Ob der erste Weltreisende Marco Polo (1254–1324) tatsächlich in Korčula geboren wurde, ist eher zweifelhaft, Dokumente, die dies belegen könnten, existieren jedenfalls nicht. Die Ruine lohnt trotzdem einen Besuch, denn von ihrem Turm bietet sich ein weiter Blick über das Dächergewirr der Altstadt. In der Südostecke, direkt an der Stadtmauer, erhebt sich die Anfang des 15. Jh. entstandene, später barockisierte Kirche **Svi Sveti** (Allerheiligen). Besondere Kostbarkeiten in ihrem Inneren sind die schmucke Kassettendecke (1713) von *Tripo Kokolja*, das Polyptychon (1439) von *Blaž Jurjev Trogiranin* und das Ziborium (15. Jh.) mit der geschnitzten barocken Pietà des Österreichers *Raphael Donner*.

Rund um Korčula

Die **Bademöglichkeiten** in Korčula-Stadt beschränken sich auf die eher mittelmäßigen Hotelstrände. Schönere Buchten findet man in Lumbarda und auf den rund 20 vorgelagerten Inseln, die in den Sommermonaten regelmäßig von Booten angelaufen werden. Die größte der Inseln, das besonders reizvolle **Badija**, bietet schöne Fels- und Kiesstrände. Außerdem liegt hier ein von Kiefern und Zypressen gerahmtes Franziskanerkloster aus dem 15. Jh., dessen 1477 errichteter Kreuzgang ein vollkommenes Beispiel

Auf dem Posten – das Portal von Sveti Marko wird von zwei Löwen bewacht

dalmatinischer Gotik darstellt. Das Kloster dient heute als Kulturzentrum.

Im südöstlichen Stadtteil Sveti Antun, über die Straße nach Lumbarda zu erreichen, führt ein Treppenweg hinauf zum Hügel *Glavica*. Von der Kapelle Sveti Antun (15. Jh.) öffnet sich ein grandioser Blick hinüber zur Insel Badija.

TOP TIPP 7 km südöstlich von Korčula liegt **Lumbarda** (www.tz-lumbarda.hr) an der Ostspitze der Insel. Der kleine Ferienort mit Hafen und Marina ist weithin bekannt für seinen goldgelben, trockenen Grk-Wein und für seine herrlichen Sandstrände in den Buchten *Pržna* und *Bili Žal* – letztere mit vorgelagerten Inselchen.

Von Korčula nach Vela Luka

Durch Zypressenwald windet sich die Inselhauptstraße den Hang hinauf nach **Žrnovo**. Im Ortsteil Postrana kann das Kastell des Humanisten *Jakov Baničević* (1466–1532) besichtigt werden. Und weiter führt die Straße nach **Blato**. Die größte Ansiedlung im Inselinneren ist bekannt für ihr Ritterspiel *Kumpanija*, ein Kampftanz aus 18 Figuren, der noch älter ist als die Moreška (s.u.) und alljährlich am 28. April ausgetragen wird. Die Fahrt endet in **Vela Luka**, der in einer tiefen Bucht an der Westküste gelegenen Hafenstadt, die von der Fähre Split–Hvar–Lastovo angelaufen wird. Der Ort besitzt eine hübsche Hafenpromenade mit Palmen, Cafés und Restaurants, hat aber ansonsten wenig Charme. Dafür bietet die Umgebung einige **Badebuchten**. Boote verkehren zu den Inseln *Ošjak* und *Proizd*. Nordöstlich von Vela Luka wurde im Jahre 1974 die Grotte *Vela špilja* entdeckt.

Am Trg Braće Radić direkt hinter dem Stadttor von Korčula lädt ein Café zum Verweilen ein

Praktische Hinweise

Information

TZG Korčula, Obala Dr. Franje Tuđmana 4, 20260 Korčula, Tel. 020/71 57 01, www.visitkorcula.eu

TZO Vela Luka, Obala 3 br. 19, 20270 Vela Luka, Tel. 020/81 36 19, www.tzvelaluka.hr

Hotels

******Hotel Korkyra**, Obala 3 Br. 21, Vela Luka, Tel. 020/60 10 00, www.hotel-korkyra.com. Großer neuer, schneeweißer Hotelkomplex direkt an der Uferpromenade am Hafen. Innen und außen konsequent durchdesignt. 58 elegant ausgestattete Zimmer, schöner Wellness-SPA-Bereich, Fitness-Zentrum, Sauna und Pool.

TOP TIPP ******Hotel Korsal**, Šetalište Frana Kršinića 80, Korčula, Tel.020/715722, www.hotel-korsal.com. Feines, familiengeführtes Hotel am Strand, komfortable Zimmer, alle mit Meerblick, ca. 10 Fußmin. bis zur Altstadt. Vielfältiges Sportangebot (Surfen, Reiten, Tauchen).

*****Korčula**, Obala Dr. Franje Tuđmana 5, Korčula, Tel. 020/72 69 00, www.korcula-hotels.com. Nostalgischer kleiner Marmorbau an der Stadtmauer direkt beim alten Hafen. Das Hotel verfügt über ein gutes Restaurant mit Terrasse, die Zimmer haben teils Balkon.

*****Liburna**, Put Od Luke 17, Korčula, Tel. 020/72 60 06, www.korcula-hotels.com. Gegenüber der Altstadt gelegenes Hotel mit kleinem Fels- und Kiesstrand sowie Sportangeboten. Boote fahren zum Zentrum und auf die FKK-Insel Stupe.

Restaurants

Aborda, Korčula, Tel. 020/71 67 46. Beliebte Konoba beim Jachthafen, tolle Terrasse mit Blick auf die Marina und Altstadt.

Kanavelić, Ulica Sv. Barbara 12, Korčula, Tel. 020/71 18 00. Nobles Gourmetlokal in den historischen Mauern des Kastells von Korčula, mit romantischer Terrasse.

Konoba Zure, Lumbarda, Tel. 020/71 20 08, www.zure.hr. Empfehlenswerter Agriturismo mit romantischer Konoba. Der Besitzer ist Fischer und Landwirt und auf den Tisch kommt nur, was er selbst fängt oder anbaut – darunter auch Wein und Olivenöl. Wenn der Abend länger wird, kann man in der Konoba auch übernachten – der Wirt bietet auch einige Zimmer an.

Alte Traditionen neu belebt – während der Saison wird der wilde Säbeltanz für die Touristen aufgeführt

TOP TIPP Moreška – der wilde Säbeltanz von Korčula

Seit nunmehr fast 400 Jahren findet in Korčula im Rahmen des Festtages für den **Stadtheiligen Sveti Todor** (29. Juli) eine große Moreška-Aufführung statt. Das farbenprächtige **Ritterspiel** – in sieben akrobatischen Tanzformationen wird mit scharfen, funkensprühenden Säbeln gefochten – geht auf die Zeit der Türkeneinfälle Ende des 15. Jh. zurück.

In den riskanten Zweikämpfen streitet der ›weiße‹ (rot kostümierte) **König Osman** um seine Braut Bula, die der ›schwarze‹ (schwarz kostümierte) **Königssohn Moro** entführt hat. Moro ist der Anführer der in türkischen Diensten stehenden Mauren, Osman hingegen vertritt das **christliche Abendland**. Zum dumpfen Klang der Trommel wird in streng vorgeschriebenen Figuren mit klirrenden Säbeln gefochten. **Bula** bittet in einem dramatischen Dialog um Frieden, doch der Kampf geht weiter, bis die ›Schwarzen‹ sich geschlagen geben und Osman seine Braut zurückgewinnt.

Die Moreška wird während der Saison regelmäßig an verschiedenen Orten der malerischen Altstadt aufgeführt. Ein eindrucksvolles Spektakel, das die Besucher in eine fremde, faszinierende Welt versetzt.

Dubrovnik und seine Inselwelt – die Perle der Adria und subtropische Eilande

Die Hafenstadt **Dubrovnik** erhebt sich in pittoresker Lage auf einem dreiseitig vom Meer umspülten Felsen. Mit kulturhistorischen Schätzen von Weltrang und mediterranem Charme reich gesegnet, ist sie ein äußerst faszinierendes Reiseziel und darüber hinaus Sprungbrett zu den subtropischen Naturparadiesen vor der Küste. Nahe dem Festland erstreckt sich der **südlichste Archipel** Dalmatiens. Wie Smaragde im Blau der Adria erscheinen die von einer üppig grünen Vegetation geprägten Inseln. Hier gedeihen Aleppokiefern, Flaumeichen, Lorbeerbäume und Erdbeersträucher, Orangen-, Zitronen- und Johannisbrotbäume. Und natürlich laden malerische Buchten zum Baden ein. Zwischen Dubrovnik und der Halbinsel Pelješac liegt die Kette der **Elaphitischen Inseln**, die nur der schmale *Koločepski kanal* vom Festland trennt. Zu den drei bewohnten der 13 autofreien Eilande, Šipan, Lopud und Koločep, pendeln Personenfähren von Dubrovnik – die übrigen sind das Revier der Freizeitkapitäne. Weiter draußen im Meer liegt die Insel **Mljet**. Sie ist berühmt für ihre üppige und ursprüngliche Natur, für den Nationalpark mit romantischen Salzseen und einem paradiesisch gelegenen, alten Kloster – und doch wird sie bislang fast nur von Tagesausflüglern besucht.

37 Dubrovnik

TOP TIPP

»Diejenigen, die das Paradies auf Erden suchen, sollten nach Dubrovnik kommen.« George Bernard Shaw

Der unbestrittene Touristenmagnet an der dalmatinischen Küste ist Dubrovnik (44 000 Einw.). Die als ›Perle der Adria‹ weithin gerühmte Stadt besticht durch ihre zyklopischen Befestigungsmauern und zahlreiche mittelalterliche Kirchen, Klöster und Patrizierpaläste – ein Gesamtkunstwerk, das in Europa seinesgleichen sucht. Die dem UNESCO-Weltkulturerbe Anfang der 1990er-Jahre durch serbischen Beschuss zugefügten Wunden sind längst verheilt und die Perle zeigt sich wieder in altem Glanz.

Selbst im trubeligen Dubrovnik findet man immer wieder stille Plätzchen. Besonders romantisch wird es, wenn die Sonne untergeht

Geschichte 605 eroberten Awaren mit Hilfe der von ihnen unterworfenen Slawen *Epidaurum*, das heutige Cavtat. Die Überlebenden flüchteten sich auf einen nur wenige Kilometer nordöstlich gelegenen mächtigen Felsen, der durch einen Wasserarm vom Festland abgetrennt war und mit seinen senkrechten Wänden Schutz bot. Sie nannten ihre neue Heimat **Ragusa** und trieben Handel mit den Slawen, die sich gegenüber am Fuße des Berges Srd ansiedelten und ihren Ort **Dubrava** tauften. Schnell wuchs das formell zu Byzanz gehörende Ragusa. Mit dem allmählichen Verfall des Oströmischen Reiches übernahmen um 1100 Bürgerräte die Führung der autonomen Stadtrepublik. Sie beschlossen um 1150, den Meereskanal zuzuschütten und sich mit dem slawischen Dubrava zusammenzuschließen.

Die Ragusaner verstanden es in der Folge, ihre Lage am Schnittpunkt zwischen Orient und Okzident zu ihrem

Das mittelalterliche Schmuckkästchen Dubrovnik vom Hausberg Srd aus betrachtet

Vorteil zu nutzen. Durch geschickte Diplomatie machten sie sich zum **Mittler** zwischen den konkurrierenden Mächten, und ihre Stadt wuchs zur wirtschaftlichen Drehscheibe heran. 1204 wurde Byzanz von **Venedig** erobert, ein Jahr später geriet Ragusa unter venezianische Herrschaft. Die Hafenmetropole sicherte sich jedoch etliche Freiheiten, die nach 1358, als sie dem ungarisch-kroatischen Reich zugeschlagen wurde, noch ausgebaut werden konnten. Am 29. August

1526 schließlich – der ungarisch-kroatische *König Wladislaw II.* war besiegt, sein Reich zerfallen – schlug die Stunde der nun mit allen Attributen staatlicher Souveränität ausgestatteten **Freien Stadtrepublik Ragusa**. Ihre Blüte als wirtschaftliches und kulturelles Zentrum der südöstlichen Adria währte bis weit ins 17. Jh.

Keinem Angreifer ist es je gelungen, seine Bollwerke einzureißen. Das war übermenschlichen Kräften vorbehalten: Am 6. April 1667 verwüstete ein *Erdbeben* die Stadt. Nur etwa 500 der damals rund 20 000 Einwohner überlebten die Katastrophe. Unter exakter Einhaltung der ursprünglichen Bebauung wurde Ragusa neu errichtet. So gelang es zwar, das mittelalterliche Stadtbild wieder erstehen zu lassen, nicht jedoch den früheren Reichtum und Glanz. Am 31. Januar 1808 wurde alle Regierungsgewalt dem französischen Generalkonsul *Bruère* übertragen, und die stolze Stadtrepublik erlosch. Durch die Niederlage Napoleons gelangte sie 1814/15 zum österreichisch-ungarischen Königreich. Nach dem Ende des Zweiten Weltkrieges wurde Ragusa, das seit 1918 Dubrovnik heißt, Teil von Titos Vielvölkerstaat Jugoslawien. In den Jahren 1991/92 belagerten die Serben die ›Perle der Adria‹ und beschossen sie am 6. Dezember 1991 mit Granaten. Von den Schäden ist heute nichts mehr zu sehen.

Besichtigung Das von einem starken Bollwerk umgebene historische Zentrum von Dubrovnik besitzt nur zwei landseitige Zugänge, einen im Westen, einen im Nordosten. Eindrucksvoller als durch das gewaltige, auf der Westseite gelegene **Pile-Tor** ❶ (Vrata Pile) kann der Rundgang durch die Altstadt kaum beginnen. Man durchschreitet zunächst das 1537 errichtete Außentor, dann das ältere Innentor (1460). Über beiden Toren wacht je eine von *Ivan Meštrović* geschaffene Statue des Schutzheiligen von Dubrovnik, Sveti Vlaho (hl. Blasius), der ein Modell der Stadt in Händen hält.

Stadtbefestigung

Noch vor dem Eintauchen in die Gassen sollte man das mittelalterliche Häusergewirr von oben betrachten, bei einem Spaziergang auf der **Stadtmauer** ❷ (Gradske zidine, Tel. 020/63 88 00, www.citywalls-dubrovnik.hr, April/Mai und Aug./Sept. 8–18.30, Juni/Juli 8–19.30, Okt. 8–17.30, Nov.–März 9–15 Uhr), die sich schützend um das kulturhistorische Juwel legt. Die

Wandeln unter Arkaden – die Säulenhalle im Rektorenpalast von Dubrovnik

Umrundung der Altstadt gehört zu den Höhepunkten eines Dubrovnik-Besuchs. Insgesamt gibt es drei Zugänge, am zentralsten ist der unweit des Pile-Tors.

Die Befestigungsanlage mit drei runden und zwölf viereckigen **Wehrtürmen** sowie vier **Forts** erstreckt sich über eine Länge von insgesamt 1954 m, ist bis zu 25 m hoch und 6 m stark. In ihrer heutigen Form stammt sie zum Großteil von Baumeister *Juraj Dalmatinac*, der sie Ende des 15. Jh. ausbaute. Im Norden, an der höchsten Stelle des Festungsrings, erhebt sich das **Fort Minčeta** ❸ (Tvrđava Minčeta), dessen Turm einen überwältigenden Blick über die Altstadthäuser bietet. Schlendert man von hier über das Pile-Tor hinweg, erreicht man das **Fort Bokar** ❹ (Tvrđava Bokar), das die Westseite von Dubrovnik bewacht.

In südlicher Richtung geht es über die mit dem Fels verwachsene, senkrecht ins Meer abstürzende Mauer bis zum *Margarethenturm*. Wie der gewaltige Rammsporn eines Kriegsschiffes schiebt sich das **Fort Sveti Ivan** ❺ (Tvrđava Sveti Ivan) in die Adria hinaus und bewacht die

Einfahrt in den Alten Hafen. Das Erdgeschoss der Festung beherbergt heute das *Aquarium* (Akvarij, Tel. 020/32 39 78, www.imp-du.com, Mai–Sept. tgl. 9–21, sonst tgl. 9–16 Uhr). In den teils in Schießscharten eingelassenen Becken leben Meeraale und Schwämme, Seeanämonen und Grüne Lippfische. In den Stockwerken darüber präsentiert das *Schifffahrtsmuseum* (Pomorski muzej, Tel. 020/32 39 04, Sommer Di–So 9–18, Winter Di–So 9–16 Uhr) mit Schiffsmodellen, nautischen Geräten oder Frachtbriefen die Geschichte der Seemacht Ragusa.

Auf der Landseite, direkt gegenüber von Fort Sveti Ivan, erhebt sich das **Fort Revelin** 6 (Tvrđava Revelin) über den Alten Hafen, durch den einst der Reichtum in die Stadt floss. Heute schaukeln hier nur noch kleine Fischer- und Sportboote. Dort, wo eine 1449 über den Stadtgraben gespannte *Brücke* die Wehrmau-

Der große Onofriobrunnen stellte einst die Wasserversorgung Dubrovniks sicher

(Velika Onofrijeva Česma) eingenommen wird. Er wurde nach seinem Erbauer, dem Neapolitaner *Onofrio della Cava*, benannt. Die mit 16 Wasserspeiern ausgestattete Brunnenanlage ist sommerlicher Treffpunkt der Jugend. Direkt gegenüber liegt die kleine, 1520 errichtete Erlöserkapelle **Sveti Spas** ⑩, deren Fassade eine prächtige gotische Fensterrose ziert. Das ganz im Stil der Renaissance gehaltene einschiffige Innere wird heute für Ausstellungen und Konzerte genutzt.

Nur durch einen schmalen Durchgang von der Kapelle getrennt, schließt sich das **Franziskanerkloster** ⑪ (Mala braća) mit der großen Franziskanerkirche an. Die 1317 begonnene Anlage bezaubert durch ihren üppig begrünten *Kreuzgang* mit filigranen Doppelsäulen und maskenverzierten Kapitellen, ein besonders eindrucksvolles Zeugnis der mittelalterlichen Steinmetzkunst. Durch den Kreuzgang gelangt man zum **Klostermuseum** (Tel. 020/32 14 10, April–Okt. tgl. 9–18, Nov.–März tgl. 9–17 Uhr). Neben der Bibliothek mit ihren ca. 20 000 wertvollen Handschriften birgt es die im Originalzustand erhaltene Klosterapotheke aus dem Jahr 1317, eine der ältesten Europas.

Auf der anderen Seite des Stradun, hinter dem Großen Onofriobrunnen, er-

Perle der Adria – Dubrovnik ist die Schönste unter den Küstenstädten Dalmatiens **(oben)**. *Die alte Apotheke des Franziskanerklosters mit ihrer originalen Einrichtung* **(unten)**

er mit dem außerhalb ihres Ringes gelegenen Fort Revelin verbindet, öffnet sich das 1450 von *Simeon della Cava* erbaute und im 19. Jh. erweiterte **Ploče-Tor** ⑦ (Vrata od Ploče), von dem aus man erneut die Stadtmauer erklimmen kann.

Stradun und Umgebung

Die Hauptschlagader des historischen Zentrums ist der **Stradun** ⑧ (Placa), der sich vom Pile-Tor schnurgerade durch die Altstadt zieht und auf der Placa Luža endet. Die Steinplatten des Korso wurden von Millionen Füßen so glatt gelaufen, dass er wie eine spiegelnde Wasserfläche wirkt. Tatsächlich ist er der zugeschüttete Meereskanal, der die Fluchtburg Ragusa einst vom Festland trennte.

Gleich hinter der Stadtmauer weitet sich der Stradun zu einem kleinen Platz, der fast vollständig von dem 1438–44 geschaffenen **Großen Onofriobrunnen** ⑨

Dubrovniker Altstadt mit Uhrturm (links), Sveti Vlaho (Mitte) und Kathedrale (rechts)

hebt sich das direkt an die Stadtmauer gebaute **Klarissinnenkloster** 12 (Samostan Sveta Klara), das Ende des 13. Jh. gegründet und nach dem Erdbeben von 1667 wieder aufgebaut wurde. Der idyllische Kreuzgang lädt zur erfrischenden Erholungspause ein, denn zwischen den grün umrankten Arkaden hat ein Café seine Sonnenschirme aufgespannt.

Rund um die Placa Luža

Vorbei an Geschäften, Bars und Cafés führt der Stradun zur *Placa Luža*. Schon von Weitem fällt der schlanke, 1444 erbaute **Uhrturm** 13 (zvonik) ins Auge, der mit einer Höhe von 31 m die Ostseite des Platzes dominiert. Hier herrscht von früh bis spät ein buntes Treiben. Eine hohe Säule mit der Figur des *Ritters Roland*, im Mittelalter Sinnbild jeder freien Handelsstadt, markiert die Mitte des Platzes. Eine breite Freitreppe auf der Südseite führt hinauf zur verspielten Barockfassade von **Sveti Vlaho** 14 (St. Blasius), der im 18. Jh. anstelle eines abgebrannten Vorgängerbaus errichteten Kirche des Stadtpatrons. Im Inneren wird eine hochverehrte vergoldete Statue des hl. Blasius aus dem 15. Jh. aufbewahrt. Links neben dem Uhrturm öffnet sich das kleine, spitzbogige Seetor und führt hinaus zum *Alten Hafen*, rechts schließt sich der neogotische Ratspalast an. In einer Nische plätschert der **Kleine Onofriobrunnen** 15 (Mala Onofrijeva Fontana), der seinen filigranen Zierrat, im Gegensatz zu seinem großen Bruder, bis heute bewahren konnte. Doch stammen die 1438 geschaffenen Relief-

Balanceakt – wer Gleichgewichtssinn hat, darf sich etwas wünschen

Ein Kopf voller Wunder

An der zum Stradun weisenden Langhausseite der franziskanischen **Klosterkirche** entdeckt man rechts neben dem prachtvollen Portal in Kniehöhe einen aus der glatten Wand ragenden **Reliefkopf** eines Fabelwesens. Wer den nicht ganz einfachen Balanceakt schafft, mit beiden Beinen, dem Gesicht zur Wand und ausgebreiteten Armen auf der schmalen Konsolfläche des Kopfes zu stehen, dessen Wunsch geht in Erfüllung. Die Dubrovniker schwören jedenfalls auf ihren wundervollen Kopf, der, wie die starken Abnutzungen erkennen lassen, seit Generationen rege genutzt wird.

platten des Beckens und die Wasserspeier des Brunnenaufsatzes vermutlich gar nicht von Onofrio della Cava, sondern von dem Mailänder *Pietro di Martino*.

Im Norden beschließt die stattliche **Palača Sponza** 16 das Architekturensemble der Placa Luža. Der 1516–22 errichtete Bau – ursprünglich als Münze und Warenlager geplant, später als Zollamt und Gefängnis genutzt – vereint harmonisch Elemente aus Spätgotik und Renaissance. Seine *Fassade* besticht durch eine offene Arkadenhalle im Erdgeschoss und filigrane Maßwerkfenster im Obergeschoss.

Vorbei am Sponza-Palast erreicht man das **Dominikanerkloster** 17 (Dominikanski samostan), das die Nordostecke der Altstadt einnimmt. Da die Abtei bei Baubeginn 1310 noch außerhalb der Stadtmauer lag, wurde sie festungsartig ausgebaut. Im Kontrast zu ihrem wehrhaften Charakter steht der wunderbare *Kreuzgang* mit seinen weiten Arkaden. Über den Kreuzgang betritt man den Kapitelsaal und die anschließende Sakristei mit dem **Klostermuseum** (Tel. 020/321423, Mai–Okt. tgl. 9–18, Nov.–April tgl. 9–17 Uhr). Neben alten Handschriften und liturgischem Gerät werden Werke dalmatinischer Renaissance-Meister gezeigt.

Ein kurzer Spaziergang führt zurück zur Placa Luža und weiter zum **Rektorenpalast** 18 (Knežev dvor), der eine herausragende Stellung in Dubrovniks Geschichte einnimmt. Der 1435–51 von *Onofrio della Cava* errichtete Sitz des

Großen und Kleinen Rats erfuhr beim Erdbeben 1667 starke Beschädigungen, wurde aber originalgetreu wieder aufgebaut. In der Vierflügelanlage, die sich um einen offenen Arkadenhof gruppiert, residierte der vom Großen Rat jeweils für die Dauer eines Monats gewählte Rektor.

TOP TIPP In den oberen Stockwerken ist heute das **Kulturhistorische Museum** (Kulturno-povijesni Muzej, Pred Dvorom 1, Tel. 020/32 14 22, April–Okt. tgl. 9–18, Nov.–März tgl. 9–16 Uhr) untergebracht. Gezeigt werden Münzen und Maße, Fayencen, Sänften, historische Waffen und wertvolle Gemälde. Herzstück des Palastes ist das rote *Kabinett* des Rektors. Der für seine Akustik gerühmte Innenhof dient in den Sommermonaten als Kulisse für Konzerte.

Schräg gegenüber erhebt sich die **Katedrala Velika Gospa** 19 (Mariä Himmelfahrt, Sommer Mo–Sa 8–17, So 11–17, Winter Mo–Sa 10–12, 15–17, So 11–12, 15–17 Uhr). Der Legende nach soll sie von *Richard Löwenherz*, der 1192 auf dem Rückweg vom 3. Kreuzzug Schiffbruch erlitt und auf der Insel Lokrum vor der Küste Dubrovniks strandete, aus Dankbarkeit über seine Rettung gestiftet worden sein. 1667 wurde der Sakralbau durch das Erdbeben zerstört und anschließend auf kreuzförmigem Grundriss und kuppelbekrönt barock wieder aufgebaut. Das **Innere** beeindruckt durch seine kolossale Raumwirkung. *Tizians* 1552 geschaffene ›Himmelfahrt Mariä‹, die den Hauptaltar schmückt, gehört zu den bedeutendsten Kunstschätzen der Kathedrale. Darüber hinaus hütet die **Schatzkammer** eine aus 138 Einzelstücken bestehende Reliquiensammung, darunter auch eine Hand- und eine Schädelreliquie des Dubrovniker Schutzpatrons St. Blasius.

Südliche Altstadt

Vis-a-vis vom Rektorenpalast führt die Gasse *Od Puca* zum nahen **Gundulićeva poljana** 20, dem Marktplatz von Dubrovnik. Von einem hohen Sockel in der Mitte des Platzes betrachtet die Statue des Dichters *Ivan Gundulić* (1589–1638) das lebhafte Treiben. Am südlichen Rand der Altstadt erhebt sich die Jesuitenkirche **Sveti Ignacijo** 21 (St. Ignatius) über einer barocken Freitreppe. Das erdbebenzerstörte Dubrovnik wurde Ende des 17./Anfang des 18. Jh. von jesuitischen Architekten nach alten Plänen wieder aufgebaut. Nur an einem Ort wichen sie von der ursprünglichen Bebauung ab, dort, wo sich nun der gewaltige Ordenssitz erhebt. Zwischen 1699 und 1735 entstand nach den Entwürfen des römischen Baumeisters *Andrea Pozzo* eine der größten

Luxuriös und stilvoll nächtigte der amtierende Rektor im Rektorenpalast

Die Placa Luža wird u.a. vom Palača Sponza und dem schlanken Uhrturm gerahmt

Barockkirchen Dalmatiens. Besonders im einschiffigen **Inneren**, das von einem Tonnengewölbe überspannt wird, zeigt sich das Vorbild der großen Jesuitenkirche Il Gesù in Rom. Eindrucksvolle *Fresken*, die zu den ersten Beispielen der ›Jesuitenmalerei‹ in Europa gehören, schildern das Leben und Wirken des Ordensgründers *Ignatius von Loyola*.

Von der Sveti Ignacijo lohnt ein kurzer Abstecher zu den alten *Getreidespeichern* der Stadt. Man erreicht sie über die *Stros-*

Die barocke Katedrale Velika Gospa dominiert mit ihrer Kuppel die Placa Luža

majerova in nordwestlicher Richtung. Im größten der insgesamt 15, im 16. Jh. in den Fels gemeißelten Vorratssilos hat sich das volkskundliche **Museum Rupe** 22 (Etnografski Muzej Rupe, Tel. 020/32 30 13, Sommer Di–So 9–18, Winter Di–So 9–16 Uhr) eingerichtet. Es gewährt einen Einblick in das ländliche Leben Süddalmatiens von der Antike bis zum Mittelalter.

Ein Ausflug zum Hausberg von Dubrovnik, den 400 m hohen **Srd**, bietet einen herrlichen Blick auf das Häusermeer, die Stadtmauer und den Hafen. Der Berg ist auch mit der Seilbahn zu erreichen. Die *Talstation* der 1991 im Bürgerkrieg zerstörten, mittlerweile wiederhergestellten Bahn befindet sich unweit der Stadtmauer in der Ulica Petra Krešimira IV.

Sommerfrische Lokrum

Wer dem städtischen Trubel entfliehen möchte, der nimmt vom Alten Hafen das Taxiboot zu Dubrovniks Sommerfrische, dem direkt vor der Küste gelegenen winzigen **Lokrum**. Neben schönen Badebuchten und Spazierwegen erwarten den Urlauber auf der bewaldeten Insel ein 1023 gegründetes Benediktinerkloster, das auf dem höchsten Gipfel erbaute Fort Royal sowie ein 1859 errichtetes Schlösschen. Ein Badeparadies für Kinder ist das ›Tote Meer‹ von Lokrum, ein kleiner, flacher und warmer Salzsee.

i Praktische Hinweise

Information

TZG Dubrovnik (Stadtinformation in der Altstadt), Brsalje 5, 20000 Dubrovnik, Tel. 020/32 38 87, http://experience.dubrovnik.hr

TZŽ Dubrovnik-Neretva (Region Dubrovnik-Neretva), Vukovarska 24, 20000 Dubrovnik, Tel. 020/32 49 99, www.visitdubrovnik.hr

Hotels

*******Grand Villa Argentina**, Put Frana Supila 14, Dubrovnik, Tel. 020/44 05 55, www.gva.hr. Nur 800 m vom Zentrum in einem Park gelegenes Hotel mit schönem Blick auf die Altstadt. Mit Wellness Center und Restaurant. Lift zum Hotelstrand, Bootstransfer zur Altstadt.

******Villa Dubrovnik**, Vlaha Bukovca 6, Dubrovnik, Tel. 020/50 03 00, www.villadubrovnik.hr. Eines der exklusivsten Hotels Kroatiens. Das elegante Boutiquehotel liegt nur wenige Minuten vom historischen Zentrum auf einer Felsterrasse über dem Meer mit herrlichen Blick auf Adria und Altstadt. Zum umfangreichen Service zählen u.a. Pool, Sauna, Solarium, Massagen, Library Lounge, Weinbar und das Gourmetrestaurant ›Pjerin‹.

TOP TIPP ****Stari Grad, Od Sigurate 4, Dubrovnik, Tel. 020/32 22 44, www.hotelstarigrad.com. Eines der wenigen Hotels in Dubrovniks Altstadt mit nur acht Zimmern. Das Frühstück wird auf der Dachterrasse im fünften Stock serviert.

***Zagreb, Šetalište Kralja Zvonimira 5, Dubrovnik, Tel. 020/43 89 30, www.hotelzagreb-dubrovnik.com. Charmantes Haus auf der Halbinsel Lapad in behaglichem Palazzo mit weitläufigem mediterranen Garten nahe dem Sandstrand.

Restaurants

Barba, Boškovićeva 5, Tel. 091/205 34 88. Sehr leckere und für Dubrovnik erfreulich preiswerte Seafood-Gerichte, Pasta und Salate. Vom Fastfood-Ambiente nicht schrecken lassen, die Qualität ist sehr gut.

Domino, Od Domina 3, Dubrovnik, Tel. 020/32 31 03, www.steakhousedomino.com. Gepflegtes und beliebtes Restaurant in der Altstadt. Spezialitäten sind Steaks, Meeresfrüchte und Fischgerichte.

Proto, Široka 1, Dubrovnik, Tel. 020/32 32 34, www.esculaprestaurants.com. Hier speisten schon Edward VIII. und Wallis Simpson: Das seit 1886 betriebene Restaurant ist für seine Fischspezialitäten nach alten Rezepten berühmt.

38 Cavtat

Malerisches Ferienstädtchen am Rande der ›Toskana Dalmatiens‹.

Etwa 15 km südlich von Dubrovnik, jenseits der weiten Bucht *Župski zaljev*, liegt Cavtat (2000 Einw.) auf einer bewaldeten Landzunge. Der bereits in der Antike unter dem Namen *Epidaurum* besiedelte Ort wurde Anfang des 7. Jh. von Slawen und Awaren zerstört. Seine Bewohner flüchteten auf eine Felseninsel am anderen Ende der Bucht [s. S. 109]. Das heutige Cavtat ist eine Gründung des 15. Jh. Die malerische Altstadt, eine traumhafte Uferpromenade und schöne Strände haben das Städtchen zu einer Touristenattraktion gemacht.

Am nordöstlichen Ende der Uferpromenade *Obala Dr. A. Starčevića* erhebt sich der 1558 entstandene **Rektorenpalast** (Knežev dvor), hinter dessen schmucker Renaissancefassade einst der Statthalter aus Ragusa residierte. Heute hat hier die **Sammlung Baltazar Bogišić** (Zbirka Baltazara Bogišića, Obala A. Starčevića 18, Tel. 020/47 85 56, Mo–Sa 9.30–13 Uhr) Quartier bezogen. Neben volkskundlichen Exponaten gehört die wertvolle, aus 10 000 Blättern bestehende Grafikkollektion des Juristen und Wissenschaftlers *Baltazar Bogišić* zu den Beständen. Die benachbarte spätmittelalterliche Bischofskirche **Sveti Nikola** (St. Nikolaus) erhielt nach Erdbebenschäden 1732 ein barockes Äußeres. Sehenswert sind die alten Meister in der Pinakothek. Unweit entfernt steht das **Geburtshaus** (Ulica Vlahe Bukovaca 5, Tel. 020/47 86 46, www.kuca-bukovac.hr, Nov.–April Di–Sa 9–13 u. 14–17, So 14–17, Mai–Okt. Di–So 9–13 u. 16–20 Uhr) des kroatischen Malers *Vlaho Bukovac*. Heute beherbergt es eine Galerie mit Werken des Künstlers. Ein Spaziergang entlang der Uferpromenade führt in südwestlicher Richtung zum **Franziskanerkloster** mit seiner 1490 errichteten Kirche **Gospa**

Auf dem Gundulićeva poljana in Dubrovnik herrscht allmorgendlich reges Treiben

Südlich von Dubrovnik schmiegt sich das Küstenstädtchen Cavtat an eine weite Bucht

od snijega (Schneemadonna). Ihre Seitenkapelle bewahrt mit dem ›Michaels-Polyptychon‹ von *Lovrin Dobrićević* eines der schönsten Altarbilder Dalmatiens. Beim Kloster beginnt ein Stufenweg, der über die *Ulica Prijeko* direkt zum Friedhof mit dem **Mausoleum** der Reederfamilie **Račić** (Mauzolej Račić) führt. Der über 13 m hohe monumentale Kuppelbau aus weißem Marmor wurde 1922 von *Ivan Meštrović* vollendet.

Von Cavtat bis zu dem bereits in Montenegro liegenden Kotor erstreckt sich in südöstlicher Richtung das 20 km lange **Konavle-Tal** (Konavosko polje) zwischen den Küstenbergen und dem 1243 m hohen *Snježnica-Massiv*. Wegen seiner vielen Zypressen, Olivenhaine und Weinberge sowie des milden Klimas wird es auch als die ›Toskana Dalmatiens‹ bezeichnet. Von Tradition und Brauchtum, die sich in diesem abgelegenen Winkel besonders gut erhalten haben, erzählt das schöne *Konavle-Heimatmuseum* in Čilipi (Beroje 1, Čilipi, Tel. 020/77 22 49, Di–So 9–13 Uhr).

Praktische Hinweise

Information

TZO Cavtat, Zidine 6, 20210 Cavtat, Tel. 020/47 90 25, www.visit.cavtat-konavle.com

Hotels

****Villa Pattiera, Trumbićev put 9, Cavtat, Tel. 020/47 88 00, www.villa-pattiera.hr. Ein Kleinod! Geburtshaus des bekannten kroatischen Opernsängers Tino Pattiera (1890–1966). Nur 12 stilvoll gestaltete Zimmer mit Balkon oder Terrasse. Top Service, exzellentes Restaurant, einladende Terrasse mit Hafenblick, sehr gutes Frühstück.

Restaurant

Konavoski dvori, Ljuta, Tel. 020/79 10 39, www.esculap-teo.hr. Das nördlich von Gruda an einem romantischen Wildbach im Konavle-Tal gelegene Restaurant ist stilvoll in einer alten Mühle untergebracht. Die Bedienung in traditioneller Tracht serviert weithin gerühmte Lamm- und Forellengerichte.

39 Elaphiten-Archipel
Elafitski Otoci

Grüne Smaragde im Blau der Adria.

Der aus 13 Inseln bestehende Elaphiten-Archipel ragt zwischen Dubrovnik und der Halbinsel Pelješac aus dem Meer. Bereits die Griechen siedelten hier, auf sie geht auch der Name zurück (*elaphos* = Hirsch). Im 11. Jh. gerieten die Eilande unter die Herrschaft von Ragusa, das auf die drei größeren bewohnten Inseln Šipan, Lopud und Koločep je einen Rektor entsandte. Ab dem 15./16. Jh. entdeckten der Dubrovniker Adel und Klerus den Archipel als *Sommerresidenz*. Daran hat sich bis heute so gut wie nichts geändert. Noch immer nehmen die Bewohner der nahen Hafenstadt Kurs auf die Inselchen, wenn sie Ruhe und Erholung suchen.

Koločep

Die mit 2,4 km^2 und 150 Einwohnern kleinste der bewohnten Inseln des Archipels liegt nur 7 km von Dubrovnik entfernt. Zwei Kalkberge durchziehen das Eiland, an der zerklüfteten Südküste fallen die Felsen 40 m fast senkrecht ab, während sie im Norden und Osten zu Terrassen gestuft sind. Zwischen den Bergzügen liegt ein fruchtbares Tal mit *Obstgärten*. Die beiden, durch einen etwa 20-minütigen Fußweg miteinander verbundenen Ortschaften Gornje und Donje Čelo sind von subtropischer Vegetation und geschützten Sand- und Kiesstränden umgeben. In **Donje Čelo** an der Nordwestküste ist die zwischen 1250 und 1450 entstandene Kirche **Sveta Marija** aufgrund ihrer im Mauerwerk verarbeiteten römischen Spolien sehenswert. Ein schöner Spaziergang führt zu der auf einer Terrasse über dem Meer liegenden, im 9. Jh. errichteten, im 18. Jh. restaurierten Kirche **Sveti Antun Padovanski** (St. Antonius von Padua). Mit ihrem überkuppelten Innenraum ist sie ein schönes Beispiel eines altkroatischen Gotteshauses.

Lopud

Dank der Süßwasserquellen blüht die subtropische Vegetation auf dem 4,6 km^2 großen Eiland besonders üppig. Überall auf Lopud gedeihen Palmen, Pinien und Zypressen, Orangen- und Zitronenbäume. Der gleichnamige einzige **Inselort** mit gerade einmal 350 Einwohnern liegt an einer weiten Bucht mit einem schönen Kies- und Sandstrand. Die Uferpromenade wird von Cafés und Tavernen sowie den stattlichen Sommersitzen der früheren Handelsherren aus Ragusa gesäumt. Hauptsehenswürdigkeit ist die malerisch überwucherte Ruine des 1483 errichteten wehrhaften **Franziskanerklosters**, die von einem 30 m hohen Glockenturm überragt wird. Der schlichte Kreuzgang besitzt wuchtige Arkadengänge. Die frühere Kloster- und heutige Pfarrkirche **Sveta Marija od špilice** (Hl. Jungfrau Maria von der Höhle) bewahrt in ihrem Inneren mehrere sehenswerte Gemälde, darunter ein Polyptychon (1523) des Venezianers *Pietro di Giovanni* und ein Triptychon (1513) von *Nikola Boži-darević*. Ein Spaziergang führt zur Südostküste von Lopud, wo über der *Šunj-Bucht* die im 12. Jh. errichtete, später umgebaute Votivkirche **Sveta Gospa od**

Šunja (Unsere Liebe Frau von Šunj) aufragt – geschmückt mit dem Wappen der lombardischen Familie *Visconti*. Der Innenraum birgt einen geschnitzten Hauptaltar mit lebensgroßen Apostelfiguren.

Šipan

Die mit 16,5 km² größte Insel des Archipels liegt 17 km von Dubrovnik entfernt und hat 500 Einwohner, die in den beiden Küstenorten sowie mehreren Weilern leben. Hauptsiedlung ist **Šipanska Luka** in der malerischen Nordwestbucht. Der große, 1450 errichtete Rektorenpalast mit seiner wohlproportionierten Fassade erinnert an die Blütezeit des Eilands, als hier der Statthalter aus Ragusa residierte. Am anderen Ende der Insel liegt der Fischerort **Suđurađ** mit den prunkvollen Sommerresidenzen der Adelsfamilien *Škočibuha* (16. Jh.) und *Sagrojević* (15. Jh.). Mehrere Fußwege durch Macchia und Zypressenwälder erschließen das **Inselinnere** und führen zu einer Reihe altkroatischer Kirchen mit byzantinisch anmutenden Kuppeln.

i Praktische Hinweise

Hotels

*****Šipan**, Šipanska Luka 160, Tel. 020/36 19 01, www.hotel-sipan.de. Malerisch direkt am Ufer gelegenes Hotel in einer früheren Konservenfabrik. Von der Restaurant-Terrasse geniesst man zum ausgezeichneten Essen einen tollen Blick auf die Bucht und unvergessliche Sonnenuntergänge.

Restaurant

Konoba Obala, Obala Iva Kuljevana 18, Tel.020/75 91 70, Lopud, Tel. 020/75 91 70. Nicht ganz billiges, dafür sehr stilvolles Restaurant direkt an der Strandpromenade mit hervorragender Küche.

40 Mljet

Subtropische Honiginsel mit waldreichem Nationalpark.

Das lang gestreckte Eiland (100 km²), mit 1200 Einwohnern nur dünn besiedelt, ist die südlichste der großen dalmatinischen Inseln und dank der dichten **Wälder** landschaftlich eine der reizvollsten der gesamten Adria. Von den Griechen

Die von Wäldern umgebenen Salzseen Malo jezero und Veliko jezero im Nationalpark Mljet

wurde sie *Melitte nesos* (Honiginsel) genannt, und vielleicht ist Mljet sogar identisch mit Ogygia, jener Insel, auf der der schiffbrüchige Odysseus strandete und sieben Jahre von der Nymphe Kalypso in ihrer Grotte festgehalten wurde. Bis heute präsentiert sich Mljet als ein ruhiges Naturparadies, das überwiegend von Tagesbesuchern angefahren wird.

Der in einer weiten Bucht an der Nordküste gelegene winzige Ort **Sobra** (70 Einw.) besitzt den größten Hafen der Region. Während der Saison verkehren täglich zahlreiche Personen- und Autofähren von Dubrovnik, und auch die Schiffe Split–Dubrovnik machen hier Station. Auf der Inselstraße geht es Richtung Westen nach **Babino Polje** (300 Einw.), dem Hauptort von Mljet. Hier bietet sich ein Spaziergang zur Tropfsteinhöhle **Odisjeva špilja** an, der legendären Grottenwohnung der Kalypso. Der Pfad beginnt bei der Kapelle am westlichen Ortsende.

TOP TIPP Besondere Attraktion der Insel ist der **Nationalpark Mljet**, der eine Fläche von 30 km² im Westteil einnimmt. In herrliche Wälder eingebettet

liegen dort die beiden Salzseen **Malo** (Großer) **jezero** und **Veliko** (Kleiner) **jezero**, ursprünglich Karstsenken, die sich beim Ansteigen des Meeresspiegels mit Wasser füllten. In dem Kanal, der sie bis heute mit dem Meer und auch untereinander verbindet, führen die Gezeiten zu starken Strömungen.

Auf dem Weg zu den Seen erreicht man zunächst den an der Nordküste in einer tiefen Bucht gelegenen Hafenort **Polače**, wo Reste eines spätantiken Palastes und einer frühchristlichen Basilika (5./6. Jh.) gefunden wurden. Die Straße endet bei **Pomena** an der gleichnamigen Bucht nahe dem Westkap der Insel. Dank des Hotels und Jachthafens hat sich der Ort zum touristischen Zentrum Mljets entwickelt.

Von hier führen *Spazierwege* durch Wälder zu den Salzseen und dem Anleger der Boote, die Besucher auf das Klostereiland **Sveta Marija** bringen – sozusagen eine ›Insel auf der Insel‹. Das im 12. Jh. von Benediktinern gegründete Kloster macht aufgrund seines massiven, zinnenbekrönten Turmes einen äußerst wehrhaften Eindruck. Die Abteikirche, ein kleiner Kreuzkuppelbau, weist Merkmale der apulischen Romanik auf. Das in den 1960er-Jahren in ein *Hotel* umgewandelte Kloster wurde inzwischen komplett restauriert und beherbergt heute das Restaurant *Melita* (Tel. 020/74 41 45, www.mljet-restoranmelita.com).

Praktische Hinweise

Information

TZO Mljet, Zabrjeze 2, 20225 Babino Polje, Tel. 020/74 60 25, www.mljet.hr

Nacionalni Park Mljet, Pristanište 2, 20226 Govedari, Tel. 020/74 40 41, www.np-mljet.hr

Hotel

*****Odisej**, Pomena b.b., Pomena, Tel. 020/36 21 11, www.adriaticluxuryhotels.com. Schönes, doch deutlich angejahrtes Hotel am Meer in einer bewaldeten Bucht mit Wellness-Angeboten, Fahrrad-, Kanu- und Surfbrettverleih sowie einer Segel- und Tauchschule.

Restaurant

TOP TIPP **Stermasi**, Saplunara 2, Maranovici, Tel. 098/939 03 62, www.stermasi.hr. Ausnehmend freundlicher Familienbetrieb mit ausgezeichneter Küche (Fisch aus eigenem Fang!) in wunderschöner Lage mit herrlichem Blick auf das Meer. Mit Apartment-Vermietung.

Dalmatien aktuell A bis Z

Vor Reiseantritt

ADAC Info-Service:
Tel. 0800/5101112 (gebührenfrei)
Hier oder in den ADAC Geschäftsstellen können ADAC Mitglieder kostenloses Informationsmaterial anfordern.

ADAC Mitfahrclub, www.adac-mitfahrclub.de, www.fahrgemeinschaft.de. Kostenlose Vermittlung von Fahrtangeboten und Mitfahrgelegenheiten, auch als App für iOS und Android erhältlich.

ADAC im Internet:
www.adac.de
www.adac.de/reisefuehrer

Dalmatien im Internet:
www.kroatien.hr
www.dalmatia.hr (Mitteldalmatien)

Informationsbüros der **Kroatischen Zentrale für Tourismus**:

Deutschland

Stephanstr. 13,
60313 Frankfurt/Main,
Tel. 069/2385350,
info@visitkroatien.de

Sonnenstr. 8,
80331 München,
Tel. 089/22 33 44,
office@visitkroatien.de

Österreich/Schweiz

Liechtensteinstr. 22 a,
1090 Wien,
Tel. 01/5853884,
office@kroatien.at

Allgemeine Informationen

Reisedokumente

Reisepass oder Personalausweis, Kinder unter 12 Jahren Kinderreisepass. Seit Juli 2012 müssen Kinder ab Geburt mit eigenem Dokument reisen, Einträge im Pass der Eltern haben ihre Gültigkeit verloren.

Kfz-Papiere

Führerschein und Zulassungsbescheinigung Teil 1 sind mitzuführen. Die Mitnahme der Internationalen Grünen Versicherungskarte wird empfohlen, da sie als Versicherungsnachweis dient und bei einem Unfall die Abwicklung erleichtert.

Krankenversicherung

Die ärztliche Versorgung entspricht europäischem Standard. Während der Reisesaison werden in den großen Ferienorten meist Ambulanzen für ausländische Besucher eingerichtet. Für die medizinische Behandlung und Versorgung in Kroatien benötigt man die in die gesetzliche Versicherungskarte integrierte Europäische Krankenversicherungskarte (EHIC, in Bosnien und Herzegowina nicht einsetzbar). Zusätzlich empfiehlt sich der Abschluss einer Reisekranken- und Rückholversicherung.

Hund und Katze

Für Hunde und Katzen sind der EU-Heimtierausweis mit tierärztlichem Gesundheitszeugnis und Tollwutimpfung sowie eine Kennzeichnung durch Mikrochip oder eine Tätowierung, die vor Juli 2011 vorgenommen wurde, vorgeschrieben. Info: www.zagreb.diplo.de

Zollbestimmungen

Zwischen **EU-Ländern** ist der persönliche Reisebedarf abgabenfrei. Richtmengen für den privaten Verbrauch: 800 Zigaretten (bei der Ausfuhr von Kroatien nach Deutschland bis Ende 2017 nur 300!), 400 Zigarillos, 200 Zigarren, 1kg Rauchtabak, 10 l Spirituosen, 10 l alkoholhaltige Süßgetränke (Alkopops), 20 l andere alkoholische Getränke bis 22% Vol., 60 l Schaumwein, 110 l Bier, 10 kg Kaffee. Infos: www.zoll.de bzw. www.bmf.gv.at/zoll

Bei Einreise in die **Schweiz** bleiben Waren im Gesamtwert von unter 300 CHF zollfrei (inkl. Alkohol und Tabak). Zusätzlich müssen Freimengen beachtet werden: Steuerfrei bleiben 250 Zigaretten/Zigarren oder 250 g andere Tabakfabrikate, 5 l alkoholische Getränke bis 18% Vol. und 1 l alkoholische Getränke über 18% Vol. Beschränkt ist außerdem die Mitnahme von Lebensmitteln. Infos: www.ezv.admin.ch

Geld

Landeswährung ist die **Kroatische Kuna** (HRK), unterteilt in 100 Lipa. Es gibt Münzen zu 1, 2, 5, 10, 20 und 50 Lipa sowie zu 1, 2 und 5 Kuna und Banknoten zu 10, 20, 50, 100, 200, 500 und 1000 Kuna.

Bargeld und Schecks können unbegrenzt ein- und ausgeführt werden, müssen aber ab einem Betrag von 10.000 Euro (oder Gegenwert) schriftlich angemeldet werden.

Die gängigen *Kreditkarten* werden von den meisten Hotels, Restaurants, Geschäften und Autovermietern akzeptiert. In größeren Städten und Touristenzentren gibt es Bankautomaten, an denen man mit der *EC-/Maestro-Karte* rund um die Uhr Bargeld abheben kann.

Tourismusämter im Land

TZŽ Zadarske, Sv. Leopolda B. Mandića 1, 23000 Zadar, Tel. 023/315316, www.zadar.hr

TZŽ Šibensko-kninska, Fra Nikole Ružića b.b., 22000 Šibenik, Tel. 022/219072, www.sibenikregion.com

TZŽ Splitsko-Dalmatinska,
Prilaz braće Kaliterna 10/I, 21000 Split,
Tel. 021/490032, www.dalmatia.hr

Service und Notruf

Notruf
Tel./Mobil: 112 (EU-weit:
Polizei, Unfallrettung, Feuerwehr)

ADAC Info Service
Tel. 0800/5101112
(gebührenfrei, Mo–Sa 8–20 Uhr)

ADAC Pannenhilfe Deutschland
Tel. 0180/2222222
(dt. Festnetz 6 ct/Anruf; dt. Mobilfunknetz max. 42 ct/Minute)

Hilfe an Notrufsäulen
Unbedingt den ADAC verlangen

ADAC Notruf aus dem Ausland
Tel. +49/89/222222

HAK Pannenhilfe
Tel. 01/1987

ADAC Ambulanzdienst München
Tel. +49/89/767676

ÖAMTC Schutzbrief Nothilfe
Tel. +43/1/2512000, www.oeamtc.at

Einsatzzentrale TCS-ETI-Schutzbrief
Tel. +41/58/8272220, www.tcs.ch

TZŽ Dubrovaćko-neretvanska,
Vukovarska 24, 20000 Dubrovnik,
Tel. 020/324999, www.visitdubrovnik.hr

Daneben verfügt fast jeder Küstenort über ein **Tourismusamt** (Turistička zajednica), in dem Infomaterial erhältlich ist. Die Adressen, Telefonnummern und Homepages sind im Haupttext unter den **Praktischen Hinweisen** aufgeführt.

Diplomatische Vertretungen

Botschaft der Bundesrepublik Deutschland, Ulica grada Vukovara 64, 10000 Zagreb, Tel. 01/6300100, www.zagreb.diplo.de

Honorarkonsulat der Bundesrepublik Deutschland, Biserova 16, 21000 Split, Tel. 021/394690

Botschaft der Republik Österreich, Radnička cesta 80 (Zagreb-Tower, 9. Stock), 10000 Zagreb, Tel. 01/4881050, www.aussenministerium.at/zagreb

Botschaft der Schweizerischen Eidgenossenschaft, Bogovićeva 3, 10000 Zagreb, Tel. 01/4878800, www.eda.admin.ch/zagreb

Besondere Verkehrsbestimmungen

Tempolimits (in km/h): innerorts 50, Pkw auf Landstraßen 90, Schnellstraßen 110, Autobahnen 130; mit Anhänger außerorts 80, auf Autobahnen 90; Wohnmobile bis 3,5 t außerorts 90, auf Schnellstraßen 110, auf Autobahnen 130. Es besteht **Gurtpflicht**. Kinder zwischen 2 und 12 Jahren müssen hinten sitzen. Vom letzten Sonntag im Oktober bis zum letzten Sonntag im März muss tagsüber das **Abblendlicht** oder Tagfahrlicht eingeschaltet sein. Beim Überholen muss während des gesamten Vorgangs geblinkt werden. Haltende Schulbusse dürfen nicht passiert werden. Die **Promillegrenze** liegt bei 0,5, für Fahrer unter 25 Jahren bei 0,0. Zur Pflichtausrüstung gehören Warndreieck, Abschleppseil, ein Satz Glühlampen und eine Warnweste (für alle Autoinsassen), die beim Verlassen des Autos bei einer Panne oder einem Unfall getragen werden muss. **Verkehrsunfälle** müssen der Polizei gemeldet werden. Um Probleme bei der Ausreise zu vermeiden, sollte man sich bei größeren Schäden stets das Protokoll (*potvrda*) geben lassen.

Sicherheit

In Dalmatien besteht im Grenzgebiet zu Bosnien und Herzegowina, im Küstenhinterland zwischen Senj und Split, in den Bergen südöstlich von Dubrovnik, aber auch am östlichen Stadtrand von Zadar noch immer Gefährdung durch **Landminen**. Nähere Informationen erhält man über die kroatische Minenräumanstalt Hrvatski centar za razminiranje (www.hcr.hr).

Anreise

Auto

Die Hauptroute E 55 führt von München über Salzburg und auf der Tauernautobahn via Villach nach Ljubljana, über den kroatischen Grenzübergang Rupa weiter nach Rijeka und dann immer entlang der gut augebauten Adria-Magistrale E 65 Richtung Süden.

Alternativen sind die Autobahn Villach–Triest mit Weiterfahrt auf der E 61 nach Rijeka, bzw. aus der **Schweiz** kommend über die Gotthard- oder Bernardino-Route über Chiasso und über die A 4 (E 64/70) nach Triest. **Straßenbenutzungsgebühren:** Vignette für die Autobahnen in Österreich und der Schweiz, Gebühren für den Tauern- und Karawankentunnel, italienische Autobahnen, die slowenische Autobahn Kranj–Ljubljana–Postojna sowie in Kroatien für den Učka-Tunnel, die Krka-Brücke und für die A 1 Zagreb–Bosiljevo–Zadar–Šibenik–Split–Šestanovac–Ravča–Ploče.

Entlang der Adria-Magistrale ist das **Tankstellennetz** gut ausgebaut. Weniger dicht ist das Netz auf den meisten Inseln! Die **Kraftstoffpreise** sind kaum niedriger als in Deutschland, Österreich und der Schweiz.

Bahn

Euro-City Verbindungen gibt es auf den Strecken Wien–Zagreb, München–Zagreb und Frankfurt–Zagreb. Besonders zur Hauptreisezeit ist eine frühzeitige Liege- oder Schlafwagen-Reservierung ratsam. Da es entlang der Küste keine durchgehende Bahnlinie gibt, empfiehlt sich für die Weiterreise die Küstenfähre ab Rijeka.

Deutsche Bahn, Tel. 01806/99 66 33 (dt. Festnetz 20 Cent/Anruf, dt. Mobilfunknetz max. 60 Cent/Anruf), Tel. 0800/150 70 90 (gebührenfrei, automatische Fahrplanansage), www.bahn.de

City Night Line, www.citynightline.de

Kroatische Eisenbahn, Internationales Ticketbüro, Zagreb-Hauptbahnhof, www.hzpp.hr

Österreichische Bundesbahn, www.oebb.at, Tel. 05 17 17

Schweizerische Bundesbahnen, www.sbb.ch, Tel. 0900 300 300 (CHF 1,19/Min. Schweizer Festnetz)

Bus

Von zahlreichen deutschen Städten verkehren Busse nach Dalmatien (z.B. ab München 12 Std. bis Zadar, 15 Std. bis Split, 20 Std. bis Dubrovnik).

Fernbus Liniensuche: www.buslinien suche.de

Deutsche Touring, Deutsche Touring GmbH, Eurolines Germany, Frankfurter Straße 10-14, Eschborn, Tel. 061 96/207 85 01, www.eurolines.de

Flugzeug

Verschiedene Charterflüge werden besonders in den Sommermonaten von deutschen, österreichischen und Schweizer Städten nach Zadar, Split und Dubrovnik angeboten. Die Linienflüge gehen über Zagreb:

Zadar Airport, 7 km östlich des Stadtzentrums von Zadar, Tel. 023/20 58 00, www.zadar-airport.hr

Busse von *Liburnija* (Tel. 023/34 37 00, www.liburnija-zadar.hr) verbinden den Flughafen mit der Innenstadt von Zadar.

Split Airport, 20 km westlich von Split, Tel. 021/20 35 55, www.split-airport.hr

Busse von *Pleso Prijevoz* (Tel. 021/20 31 19, www.plesoprijevoz.hr) verkehren zwischen Flughafen und Innenstadt. Außerdem befinden sich in Flughafennähe Bushaltestellen der städischen Buslinien 37 (Split–Trogir) und 38 (Flughafen–Split).

Dubrovnik Airport, 20 km südlich von Dubrovnik, Tel. 020/77 31 00, www.airport-dubrovnik.hr

Regelmäßige Verbindungen vom Flughafen zur Altstadt/Pile-Tor und ZOB bieten die Busgesellschaften Atlas (www.atlas-croatia.com) und Libertas (www.libertasdubrovnik.hr)

Schiff

Fähren von **Jadrolinija** verkehren zwischen Ancona–Split (10 Std.), und Bari–Dubrovnik (8 Std.). Außerdem gibt es

Schnellfähren von Rijeka entlang der Küste auf wechselnden Routen bis nach Dubrovnik. Infos:

Jadrolinija, Riva 16, 51000 Rijeka, Tel. 051/66 61 11, www.jadrolinija.hr

Bank, Post, Telefon

Bank

Banken sind in der Regel Mo–Fr 7–19 Uhr (in kleinen Orten Mittagspause 12–15/16 Uhr) und Sa 7–13 Uhr geöffnet. Diensthabende Banken in größeren Städten öffnen auch sonntags.

Post

Die Postämter (HTP) haben meist Mo–Fr 7–19 und Sa 7–13 Uhr (in größeren Städten und Touristenorten während der Saison oft bis 22 Uhr und So) geöffnet; manche sind über Mittag geschlossen. Briefmarken (*poštanska marka*) bekommt man auch an Kiosken (*tisak*) und in Tabakgeschäften (*duhan*).

Telefon

Internationale Vorwahlen:

Kroatien 003 85
Deutschland 00 49
Österreich 00 43
Schweiz 00 41

Es folgt die Ortsvorwahl ohne die Null.

Bei Mobiltelefonen schaltet der Netzbetreiber bzw. Provider automatisch auf ein kroatisches Netz um. Wer viel telefoniert, sollte sich vorab über günstige Europa-Tarife informieren.

Für Gespräche von Telefonzellen aus benötigt man eine in Postämtern, Kiosken und Tabakgeschäften erhältliche **Telefonkarte** (*telefonska karta*).

Einkaufen

Gesetzliche Ladenschlusszeiten gibt es nicht. Kaufhäuser haben in der Regel Mo–Fr 8–20, Sa 8–14 Uhr geöffnet. In den Touristenzentren haben etliche Supermärkte und Geschäfte bis 22 Uhr und auch So geöffnet. Viele Läden machen im Sommer eine Mittagspause (12–16 Uhr).

Souvenirs

Neben allerlei Kitsch werden eine ganze Reihe landestypischer Produkte angeboten. Filigrane **Schmuckarbeiten** mit traditionellen Mustern und Motiven findet man überall entlang der Küste. Die Insel Pag ist nicht nur für die berühmten **Pager Spitzen** bekannt, sondern auch für den *Paški Sir*, einen würzigen Schafskäse. **Würz-**, **Duft-** und **Heilkräuter**, entweder getrocknet in kleinen Beutelchen oder als Öle in Flaschen, bekommt man auf den süddalmatinischen Inseln (vor allem Hvar). Diese sind auch für ihren exzellenten **Blütenhonig** (besonders Brač und Mljet) bekannt, den man auf Märkten erwerben kann. Beliebt sind weiterhin selbst gemachte **Obst-** und **Kräuterschnäpse**, die an Ständen entlang der Küste angeboten werden, sowie **Maraschino** (fruchtiger Sauerkirschlikör) aus der Gegend von Zadar. **Weine** kauft man am besten direkt ab Erzeuger oder in Konobas. Das in der Regel hochwertige **Olivenöl** sollte man gleichwohl vorher probieren, um sich von der Qualität zu überzeugen. Bei **Schafskäse** und **Schinken** lohnt es sich, die Preise auf Märkten und an Straßenständen zu vergleichen.

Selbst gebrannter Kräuterschnaps gehört zu den begehrten Mitbringseln aus Dalmatien

Essen und Trinken

Die dalmatinische Küche ist leicht, bekömmlich und eine der gesündesten der Welt. Geprägt wird sie durch die Vorspeisen (*predjela*) Käse (*sir*), Schinken (*pršut*), Oliven und marinierte Sardellen, durch eine Vielfalt von Fischgerichten und Meeresfrüchten und durch das bekömmliche Olivenöl.

Fisch und Fleisch

Entlang der dalmatinischen Küste isst man vor allem **Fischgerichte**, denn aus dem sauberen Wasser der Felsenküste kommen die schmackhaftesten Fische des Mittelmeers. Sehr beliebt sind Goldbrasse (*orada*), Zahnbrasse (*zubatac*) und Seezunge (*list*), aber auch Seeteufel, Makrele, Seehecht und andere Arten. Zubereitet werden sie als Fischsuppe (*brodet*), gekocht (*na lešo*), im Backofen (*iz pečnice*), im Brotteig (*u kruhu*) und in der Salzkruste (*u soli*). Besondere Delikatessen sind Hummer und Scampi, gefüllte Tintenfische (*punjene lignje*), Muscheln in Wein und schwarzes Tintenfisch-Risotto (*crni rižot*).

Fleischgerichte sind weniger typisch für Dalmatien, gleichwohl stehen vor einigen Lokalen große Grillöfen, in denen ganze Lämmer oder Spanferkel knusprig braun braten. Bekannteste Spezialität Dalmatiens ist das besonders empfehlenswerte *peka*, unter einer Metallglocke in der heißen Asche gedünstetes Lamm- und Rindfleisch mit Gemüse und Kartoffeln. Weitere Fleischgerichte der Region sind *janjeća čorba* (Lammfleischsuppe), *vitalac* (Innereien vom Lamm, in Darm gewickelt und am Spieß geröstet) und *pašticada* (mariniertes Rindfleisch mit Speck und Knoblauch gespickt in Weißwein gekocht). *Čevapčići, ražniči* (gemischte Fleischspieße) und *Mixed Grill* (gemischte Grillplatte) stammen ursprünglich aus Serbien. Sie werden serviert mit *ajvar*, einem rötlichen Mus aus Tomaten, Paprika, gehackten Zwiebeln und Auberginen, das sowohl mild als auch eher scharf sein kann. *Musaka* (mehrere Schichten Hackfleisch, Kartoffeln und Tomatensauce mit Ei und Sauerrahm überbacken), aber auch das serbische *đuveč* (Reisgericht mit Fleisch und Gemüse) kommen ursprünglich aus Griechenland.

Nachspeisen

Österreichische Einflüsse sind vorwiegend bei den Desserts zu finden: *palačinke* (Pfannkuchen mit Marmelade, Beeren, Schokolade oder Zucker und Zimt), *štrudel* (Apfel- oder Quarkstrudel) und *kremšnite* (Blätterteiggebäck mit Creme- oder Puddingfüllung und manchmal Schokoladenguss). *Baklava* (sehr süße Nachspeise aus Blätterteig mit Walnussfüllung) wiederum kommt aus der Türkei. Beliebte dalmatinische Desserts sind *presnac* (Süßspeise aus frischem Schafsquark), *smokvenjak* (Süßspeise aus getrockneten Feigen, Nüssen und Tresterschnaps) sowie *kroštule* (süßes Gebäck mit Mandeln, das in heißem Fett gebacken wird).

Gesprächsrunde – gemütliches Café in Dubrovniks Altstadt

Wer serviert was? Gostionas, Konobas und Kavanas

In Dalmatien gibt es mehrere Bezeichnungen für verschiedene Restauranttypen. Das **Hotelrestaurant** (restoran) bietet meist ›internationale‹ und manchmal fantasielose Gerichte. Empfehlenswerter sind Lokale, die sich der dalmatinischen Küche widmen. Landestypische Gerichte bekommt man vor allem in kleineren **gostione** oder gostionice (Gaststätte, Wirtshaus), manchmal auch taverna genannt. Hier kochen Wirt oder Wirtin meist selbst regionale Spezialitäten, die aus frischen Zutaten nach alten Hausrezepten zubereitet werden. Ein echtes Erlebnis sind viele der kleinen **konobe** (Weinkeller): urige Kellergewölbe oder kleine, rustikale Lokale, die oft mit viel Hingabe und Geschmack ausgestaltet sind. Serviert wird dort überwiegend einfache, aber delikate Hausmannskost: Schinken, Käse, Oliven und Wein aus eigenem Anbau, frisches selbst gebackenes Brot, manchmal auch kleine Fisch-, Fleisch- und Peka-Gerichte vom offenen Grill. Bei Einheimischen beliebt sind die zahlreichen **kavane** (Cafés) und **bifei** (Buffet), eine Art Bar oder Kneipe, in der sich die Fischer treffen. Verbreitet sind auch **Pizzerias**, die aber meistens wirklich nur Pizza servieren. Und schließlich gibt es noch das **samoposlužni restoran** (Selbstbedienungsrestaurant), das man häufig in Ferienanlagen findet, und die **slastičarna**, eine Mischung aus Eisdiele, Konditorei und Espressobar.

Farbenprächtiges Schauspiel – vor der Altstadtkulisse von Korčula wird die Moreška aufgeführt

Getränke

Zu jeder Hauptmahlzeit gehört **Wein**, der nicht pur, sondern mit Mineralwasser als *gemišt* oder *špricer*, bzw. mit Leitungswasser als *bevanda* getrunken wird. Wein und Dalmatien gehören untrennbar zusammen. Einige der Rebsorten haben schon die Römer ins Land gebracht und der berühmte *Dingač* und der nicht minder namhafte *Postup* (beides Rotweine von der Halbinsel Pelješac) wurden schon zur k.u.k-Zeit als ›Kaiserweine‹ am Wiener Hof kredenzt. Weit verbreitet ist der ebenfalls rote *Plavac*, der an Hängen von Dubrovnik bis Makarska gedeiht. Die Insel Korčula ist für ihre Weißweine bekannt, insbesondere für den *Grk*, den *Maraština* und den *Pošip*, der nur hier angebaut wird. Von Hvar kommen zwei große Rotweine: der *Pharos* und der *Plavac*, der um das Goldene Horn von Bol gedeiht. Primošten ist für seinen roten *Babić* weltberühmt und auf Pag wächst der weiße *Žutica*.

Fast jede konoba und gostionica hat ihren eigenen **Hausschnaps**. Er heißt *Lozovača* (kurz: *Loza*) und mit aromatischen Kräutern versetzt wird daraus der beliebte *Travarica*. Eine gefragte Spezialität ist *Maraschino*, ein köstlicher Kirschlikör, der in der Gegend von Zadar nach einem fast 500 Jahre alten Rezept der Dominikaner aus der Maraska-Sauerkirsche gewonnen wird. Weniger bekannt, aber ebenso exzellent ist *Orahovica*, ein Haselnussschnaps aus Süddalmatien. Und dann gibt es natürlich noch den *Prošek*, einen schweren Dessertwein, der seit römischer Zeit als ›Vinum sanctum‹ (heiliger Wein) geschätzt wird.

Deutsches oder österreichisches **Bier** ist fast überall an der Küste zu bekommen, aber auch das kroatische Bier ist durchaus zu empfehlen.

Nach dem Essen oder zwischendurch trinkt man gern einen *espreso* oder eine *turska kava* (türkischen Kaffee), der mit sehr fein gemahlenem Kaffeepulver und Zucker in kleinen Messingtöpfchen aufgekocht wird.

Feiertage

1. Januar (Neujahr), 6. Januar (Heilige Drei Könige), Ostersonntag und Ostermontag, 1. Mai (Tag der Arbeit), Fronleichnam, 22. Juni (Tag des Antifaschismus), 25. Juni (Staatsfeiertag), 5. August (Tag der Sieges und der Dankbarkeit), 15. August (Mariä Himmelfahrt), 8. Oktober (Unabhängigkeitstag), 1. November (Allerheiligen), 25./26. Dezember (Weihnachten).

Festivals und Events

Das ganze Jahr über gibt es zahlreiche **regionale Feste** – meist farbenfrohe Ereignisse mit Folklore und örtlichen Spezialitäten. Zudem bieten die größeren Städte **Sommerfestivals** mit Theater, Konzerten, Oper, Ballett und anderen Veranstaltungen. In kleineren Orten werden weniger anspruchsvolle, aber ebenfalls sehr unterhaltsame Festivitäten mit Musik, Sport und Folklore geboten.

Januar

Lastovo (6.1.): Traditionsreicher Karneval mit Umzügen bis Fastnachtsdienstag.

Februar

Dubrovnik (3.2.): Prozession zu Ehren des Stadtheiligen Sveti Vlaho (hl. Blasius).

April

Blato, Korčula, *Kumpanija* (28.4.): Farbenfrohes Ritterspiel mit 700-jähriger Tradition und umfangreichem Folkloreprogramm [s. S. 106].

Mai

Nin, *Wallfahrt zur Muttergottes von Zećeveo* (5.5.): Bootsprozession zur Madonnenstatue auf der Insel Zećeveo mit anschließendem Dorffest.

Juni/Juli

Šibenik, *Internationales Kinderfestival* (Tel. 022/21 31 45, www.mdf-sibenik.com, Ende Juni/Anfang Juli): Farbenfrohes Fest mit Puppentheater, Film, Musik und Ballett sowie anderen Vorführungen.

Juli

Omiš, *Festival Dalmatinskih Klapa Omiš* (Tel. 021/86 10 15, www.fdk.hr): Festival der dalmatinischen Klapa-Chöre.

Korčula, *Moreška* (29.7.): Farbenprächtiges Ritterspiel mit akrobatischen Säbeltänzen [s. S. 107].

Juli/August

Veli Iž, Iž, *Iška Kralj*: Feierliche Krönung des Inselkönigs. Das Fest ist seit antiker Zeit überliefert und wird heute am letzten Juli- und ersten Augustwochenende begangen [s. S. 30].

Split, *Spliter Sommer* (Tel. 021/30 69 08, www.splitsko-ljeto.hr, Mitte Juli–Mitte August): Vielfältiges Kulturprogramm mit Oper, Konzerten, Ballett und Theater in der malerischen Kulisse des antiken Kaiserpalastes.

Zadar, *Musikabende in Sveti Donat* (Tel. 023/30 04 30, Ticketbüro Tel. 023/31 45 52, www.donat-festival.com, Mitte Juli–Mitte Aug.): Klassische Musik in der für ihre Akustik berühmten Rundkirche Sveti Donat und auf dem römischen Forum.

Dubrovnik, *Dubrovnik Sommerfestival (Tel.* 020/32 61 00, www.dubrovnik-festival.hr, Mitte Juli–Ende August): Musik-, Theater- und Folkloreveranstaltungen in der Altstadt.

Hvar, *Hvarer Sommer* (Hvarsko ljeto, Infos beim TZG Hvar, Tel. 021/74 10 59, www.tzhvar.hr, Ende Juni–Okt.): Klassische Werke der Chor- und Instrumentalmusik von in- und ausländischen Künstlern im Franziskanerkloster, der Kathedrale sowie auf Straßen und Plätzen.

August

Sinj, *Sinjska Alka* (www.alka.hr, 1. Wochenende): Dreitägiges Reiterfest mit Ringstechen, prachtvollen Trachten sowie einem umfangreichen Rahmenprogramm.

Sali, Dugi Otok, *Saljske užance* (Infos beim TZO Sali unter Tel. 023/37 70 94, www.dugiotok.hr, 1. So im Aug.): Traditionsreiches Fischerfest mit Folklore, Tanz und einem lustigen Eselrennen.

Vir (28.8.): Prozession mit großem Dorffest zu Ehren von Sveti Ivan.

Jelsa, Hvar, *Weinfest* (letztes Wochenende): Stimmungsvolles Fest vor der malerischen Kulisse des Inselstädtchens mit Kunst- und Folkloreprogramm.

Betina, Murter, *Brganja-Fest* (1. Sa im Aug.): Muschelfest mit Folklore, Tanz, Musik sowie gutem Essen (nicht nur Muscheln) und Wein.

Korčula, *Perdun* (2.8.): Prozession mit bunt geschmückten Booten zur Klosterinsel Badija, auf der anschließend ein Volksfest stattfindet.

August/September

Cavtat, *Epidaurus-Festival* (www.epidaurusfestival.com, Ende Aug.–Mitte Sept.): Internationales Festival mit klassischer Musik, Theater, Ausstellungen.

Klima und Reisezeit

An der Küste Dalmatiens und auf den Inseln herrscht ein ausgeprägt **mediterranes Klima** mit milden Wintern, angenehmen Temperaturen im Frühjahr und Herbst sowie heißen, trockenen Sommern. Die **Badesaison** beginnt im Juni und dauert bis Ende September. Dank der ausgleichenden Wirkung des Meeres sind die Temperaturen auch in den heißesten Monaten (Juli/August) erträglich. Ideale **Reisezeit** sind die Monate Mai und Juni, wenn alles blüht, und September, wenn die Hitze abklingt, das Wasser aber noch angenehme Temperaturen hat. In den **Bergen** herrscht ein Klima, das dem deutscher Mittelgebirge gleicht. Von November bis April kann es in Höhen von über 1000 m schneien.

Klimadaten Split

Monat	Luft (°C) min./max.	Wasser (°C)	Sonnen-std./Tag	Regen-tage
Januar	5/10	13	4	9
Februar	5/11	12	5	8
März	7/14	13	6	8
April	10/18	14	7	7
Mai	14/22	17	9	7
Juni	18/27	21	10	6
Juli	21/31	23	12	4
August	20/31	24	11	3
September	17/26	22	8	6
Oktober	14/21	19	6	8
November	11/16	16	4	11
Dezember	6/11	14	3	12

Museen und Kirchen

Die Öffnungszeiten der **Museen** sind uneinheitlich. Detaillierte Angaben finden sich im Haupttext. Die **Kirchen** kleinerer Ortschaften sind häufig verschlossen, meist können dann der Pfarrer oder Nachbarn behilflich sein.

Sport

In einer Küstenregion wie Dalmatien steht der **Wassersport** an erster Stelle, aber auch Reiten, Tennis und Radfahren werden angeboten. In fast allen Ferienorten gibt es Segel-, Tauch, Tennis- und Surfschulen. Vielerorts kann man Fahrräder, Mountainbikes, Tauchausrüstung und Boote mieten. Eine Broschüre ›Wassersport‹ bekommt man von der Kroatischen Zentrale für Tourismus [s.S.125].

An der dalmatinischen Küste finden Skipper abwechslungsreiche Segelreviere vor

Angeln

Für das Angeln ist eine Lizenz erforderlich, die man von der Gemeinde oder vom Hafenamt erhält. Wer in den fischreichen Binnengewässern angeln möchte, erhält die Lizenz im nächsten Touristenbüro, manchmal auch im Hotel oder am Campingplatz. Bei der Kroatischen Zentrale für Tourismus [s.S.125] ist die Broschüre ›Sportfischerei‹ erhältlich, speziellere Auskünfte erteilen die Kroatischen Sportfischereiverbände:

Hrvatski savez za športski ribolov na Moru (Meer), Ulica M. Gupca 2 A, 51000 Rijeka, Tel. 051/212196, www.hssrm.hr

Hrvatski Športsko Ribolovni Savez (Binnengewässer), Trg Krešimira Ćosića 11, 10000 Zagreb, Tel. 01/3091137, www.ribolovni-savez.hr

Klettern

Das kroatische Dorado der Kletterer – besonders das der Free-Climber – ist die Schlucht **Velika Paklenica**. Nur 2 km von der Küste entfernt, bietet sie hohe Wände mit zahlreichen Routen diverser Schwierigkeitsgrade und Möglichkeiten zum Bouldern. Eine Reihe unterschiedlicher Kletterrouten findet man aber auch in der **Cetina-Schlucht** bei Omiš und in den Gebirgen Mitteldalmatiens. Infos:

Hrvatski Planinarski Savez (Kroatischer Kletterverband), Kozarčeva 22, 10000 Zagreb, Tel. 01/4824142, www.plsavez.hr

Schwimmen

Das Wasser an der Küste Dalmatiens ist das sauberste des Mittelmeers. Fels- und Kiesstrände überwiegen und sorgen für glasklares Wasser. Flache Sandstrände sind eher selten. Wegen scharfkantiger Felsen und der zahlreichen Seeigel sollte man stets Badeschuhe tragen.

Segeln und Sportschifffahrt

Die dalmatinische Küste mit ihren modernen Marinas und zahlreichen teils unbewohnten Inseln ist ein ideales Revier für Segler und Motorbootfahrer. Charterboote und Segeltörns werden in zahlreichen Häfen angeboten, und in fast allen Touristenzentren kann man den Segel- oder Bootsführerschein erwerben.

Ein Verzeichnis aller Marinas mit Infos zu Ausstattung und Preisen bekommt man von der Kroatischen Zentrale für Tourismus [s.S.125]. Infos über Marinas, Bestimmungen, Einfuhr von Booten etc. bei:

ACI Marinas, M. Tita 151, 51410 Opatija, Tel. 051/27 12 88, www.aci-marinas.com

Hrvatski Jedriličarski Savez (Kroatischer Segelverband), Trg Franje Tuđmana 3, 21000 Split, Tel. 021/34 57 88, www.hjs.hr

ADAC Sportschifffahrt, Tel. 089/767 60, www.adac.de/sportschifffahrt

Tauchen und Schnorcheln

Wegen ihrer reichhaltigen Meeresfauna und -flora ist die felsige Küste Dalmatiens das klassische Taucherparadies Europas. Für zusätzliche Abwechslung sorgen zahlreiche Schiffswracks. Zu den beliebtesten Tauchrevieren gehören die **Kornaten** und **Dugi Otok**. Das Tauchen mit Pressluftflaschen muss bei der Polizei, beim Hafenamt oder im Touristenbüro angemeldet werden. In vielen Ferienzentren gibt es Tauchschulen, die Kurse und Exkursionen zu besonders schönen Revieren anbieten. Bei der Kroatischen Zentrale für Tourismus [s.S.125] ist die Broschüre ›Tauchen‹ erhältlich. Infos:

Hrvatski Ronilački Savez (Kroatischer Tauchverband), Dalmatinska 12, 10000 Zagreb, Tel. 01/484 87 65, www.diving-hrs.hr

Wandern

Nur wenige Kilometer von der Küste entfernt steigt eine faszinierende Berglandschaft auf. Zahlreiche markierte Pfade erschließen die ursprüngliche Natur des Küstengebirges. Ideale Möglichkeiten für längere Bergtouren bieten z.B. der **Paklenica-** und der **Plitwitzer-Seen-Nationalpark**, der südliche **Velebit** und die Gebirge Mitteldalmatiens. Besonders reizvolle Wanderwege sind z.B. der **Premužić-Pfad** (57 km im Velebit), der **Höhenwanderweg Dalmacija** durch die Gebirge Mitteldalmatiens (Kozjak, Mosor, Omiš, Biokovo, 120 km, ca. 7 Tage), der **Höhenwanderweg Biokovo** von Gornja Brela bis zur Neretva (ca. 4 Tage) und der **Öko-Lehrpfad Jure Radić**, ein Lehrpfad in 15 Stationen durch das Biokovo-Gebirge (33 km). Diese Touren setzen Bergerfahrung und gute Ausrüstung voraus. Im **Nationalpark Krka** und auf vielen bequemen Wegen entlang der Küste können aber auch Ungeübte herrliche Spaziergänge unternehmen.

Immer dicht am Abgrund – Klettern in der Paklenica-Schlucht

Dank kräftiger Winde ist die Insel Brač ein beliebtes Surfrevier

Weitere **Informationen** erhält man von den Fremdenverkehrsämtern und den Bergwandervereinen:

Kroatischer Kletterverband s. S. 132

HPD Biokovo, Dalmatinska 5, 21300 Makarska, Tel. 021/55 35 52, www.biokovo-hpd.hr

HPD Mosor Split, Sinovčićeva 2, 21000 Split, Tel. 021/39 43 65, www.hpd-mosor.hr

Windsurfen

Die Küste Dalmatiens ist ein Dorado für Windsurfer, insbesondere die Insel Brač und die Halbinsel Pelješac genießen in Surferkreisen einen guten Ruf. Kräftige Winde bieten auch das Goldene Horn bei Bol (Zlatni rat, Brač) und der Kanal zwischen Korčula und der Halbinsel Pelješac.

Die meisten Hotels und Campingplätze verleihen Surfbretter und bieten Surfkurse an.

Statistik

Geographie: Dalmatien umfasst eine Fläche von 11 500 km² und erstreckt sich in einem nach Südosten immer schmaler werdenden Streifen über rund 360 km von Starigrad-Paklenica bis zur Bucht von Kotor. Im Nordosten reicht es bis zu 80 km tief ins bergige Hinterland (Dalmatinska Zagora) hinein, während es im Südosten einen nur 10–20 km breiten Küstenstreifen umfasst. Einen wesentlichen Bestandteil Dalmatiens bilden die fast 1000 vorgelagerten größeren und kleineren Inseln und Riffe. Sie waren einst Gipfelketten des Dinarischen Gebirges, dessen Täler durch das Ansteigen des Meeresspiegels nach der letzten Eiszeit im Meer versunken sind. Die größten Eilande sind Brač (394 km²), Hvar (300 km²), Korčula (279 km²) und Mljet (100 km²). Wegen der extremen Ausfransung der Küste durch Buchten und Fjorde ist die Küstenlinie des Festlands gut 1000 km lang und die aller Inseln zusammen noch einmal fast 4000 km. Im nördlichen Teil Dalmatiens zwischen Zadar und Split wird die Küste von flachem und fruchtbarem Hügelland gesäumt, während südlich von Split die schroffen Karstgebirge der Dinarischen Alpen steil aus dem Meer aufsteigen. Sie werden nur von zwei größeren Flüssen durchbrochen: der Cetina bei Omiš und der Neretva bei Ploče. Am höchsten ist das Biokovo-Massiv, das mit dem Sveti Jure bei Makarska stolze 1767 m erreicht. Der höchste Gipfel aller adriatischen Inseln ist der 778 m hohe Vidovica auf Brač.

Verwaltung: Politisch gliedert sich Dalmatien in vier Bezirke, die Gespanschaften (*županije*) genannt werden: Zadar, Šibenik-Knin, Split-Dalmatien und Dubrovnik-Neretva.

Bevölkerung: Dalmatien hat 860 000 Einwohner, davon leben 210 000 im Wirtschafts- und Verwaltungszentrum Split, 72 000 in Zadar, 52 000 in Šibenik und 44 000 in Dubrovnik. Von den Inseln ist Korčula mit 17 000 Einwohnern am stärksten besiedelt, gefolgt von Brač (14 000) und Hvar (11 500). Die meisten übrigen Inseln sind nur dünn besiedelt oder unbewohnt.

Wirtschaft: Traditionelle Wirtschaftszweige sind Fischfang, Ackerbau und Schafzucht. Obst und Gemüse werden überwiegend im Küstenland Norddalmatiens zwischen Zadar und Split sowie im Neretva-Delta angebaut, während sich die steilen Küsten und kargen Inseln Mittel- und Süddalmatiens meist nur für Wein, Oliven und Schafzucht eignen. Größere Industrieanlagen gibt es in der Region um Split. Mit Abstand der wichtigste Wirtschaftszweig ist seit Jahrzehnten der Tourismus. Während der Balkankriege 1991–95 und 1999 fielen die Gästezahlen rapide. Doch mittlerweile haben sie mit über 11 Millionen (2013) – davon entfallen etwa die Hälfte auf Dalmatien – einen historischen Höchststand erreicht.

Unterkunft

Durch die Anhebung des Hotelstandards auf das Niveau der übrigen Mittelmeerländer (der allerdings noch nicht überall erreicht ist) sind auch die Preise für Unterkünfte angestiegen. Das Image eines Billigreiselandes hat Kroatien erfolgreich abgestreift. Außerhalb der Hauptsaison (Juli/August) liegen die Preise um bis zu 50 % niedriger. Während der Hauptsaison ist eine Reservierung über einen Reiseveranstalter zu empfehlen. Detailliertere Informationen und Preise von Hotels, Privatunterkünften und Campingplätzen enthalten die jährlich herausgegebenen Broschüren der Kroatischen Zentrale für Tourismus [s. S. 125]. Empfehlungen bieten die **Praktischen Hinweise** bei den Ortsbeschreibungen im Haupttext.

Camping

Die dalmatinische Küste ist ein traditionelles Camperland mit zahlreichen schönen Campingplätzen. Fast alle liegen direkt am Strand bzw. in Meeresnähe. Nördlich von Split und auf vielen der Inseln gibt es nur wenige große Plätze, dafür aber zahlreiche kleine und teilweise sehr liebevoll ausgestattete Privatplätze, die allerdings in vielen Verzeichnissen fehlen. Eine Auswahl geprüfter Campingplätze bieten die jährlich erscheinenden **ADAC Campingführer** und **ADAC Stellplatzführer** (adac.de/campingfuehrer). Die Inhalte gibt es auch als App für iPhone, iPad und Android-Geräte in den Appstores von Apple und Google. Infos auch bei:

Kamping udruženje Hrvatske (Kroatischer Campingverband), Pionirska 1, 52440 Poreč, Tel. 052/45 13 24, www.camping.hr

Top Camping Croatia, Pionirska 1, 52440 Poreč, Tel 052/43 37 61, www.topcamping.hr

Ferienhäuser und Privatunterkünfte

In allen Urlaubsregionen Dalmatiens werden Ferienhäuser oder -wohnungen (*apartmani*) angeboten – meist in Feriensiedlungen oder als Teil eines Hotelkomplexes am Meer, sodass man Angebote und Einrichtungen des Hotels mitbenutzen kann. Privatzimmer (*sobe*), Privatpensionen und private Ferienwohnungen gibt es in verschiedenen Kategorien, mit Frühstück, z.T. auch mit Halbpension. Auskünfte erhält man von den örtlichen Tourist-Informationen.

Hotels

Viele Ferienhotels wurden zur Zeit des Tourismusbooms in den 1960er-Jahren als wenig ansprechende Betonburgen errichtet. Äußerlich sind diese meist durchschnittlichen **Mittelklassehäuser** auch heute nicht eben attraktiv, aber sie liegen fast immer direkt am Strand, sind kinderfreundlich und bieten ein vielfältiges Sport- und Freizeitprogramm (meist Mai–Mitte Okt. geöffnet). Seit einigen Jahren eröffnen jedoch zunehmend auch luxuriösere **4–5-Sterne-Hotels**.

Jugendherbergen

In Dalmatien gibt es Jugendherbergen in **Zadar** (Andrije Hebranga 1, Tel. 023/38 07 58), in **Zaostrog** (Obala hrvatskih domoljuba b.b., Tel. 021/ 62 90 76), in **Stari Grad** (Ulica don Mihovila Pavlinovića, Tel. 021/76 54 02), in **Biograd na Moru** (Jurja Dalmatinca 5b, Tel. 023/38 35 95) und in **Dubrovnik** (Vinka Sagrestana 3, Tel. 020/42 32 41). Infos:

Hrvatski ferijalni i hostelski savez (Kroatischer Jugendherbergsverband), www.hfhs.hr

Verkehrsmittel im Land

Bahn

Die Bahn ist für Reisen innerhalb Dalmatiens ungeeignet, da es keine durchgehende Bahnlinie entlang der Küste gibt. Lediglich die Städte Zadar, Šibenik und Split erreicht man von Knin aus mit dem Zug.

Bus

Die Busverbindungen entlang der gesamten Küste sowie auf den und teils auch zu den Inseln sind preisgünstig und sehr gut. Das dichte Netz ermöglicht es, auch kleinere Orte zu erreichen. Fahrkarten (*karte*) bekommt man in den meist zentral gelegenen Busbahnhöfen (*busna stanica*).

Mietwagen

An den Flughäfen und in fast allen größeren Touristenorten kann man Autos mieten. Die Preise der internationalen Vermieter sind allerdings recht hoch, meist deutlich günstiger sind einheimische Anbieter. Auch Fly&Drive-Arrangements können spürbare Ermäßigungen bringen. Der Fahrer muss mindestens 23 Jahre alt und seit drei Jahren im Besitz des Führerscheins sein. Für Mitglieder bietet die **ADAC Autovermietung** günstige Konditionen an. Buchungen über www.adac.de/autovermietung, die ADAC Geschäftsstellen oder unter Tel. 089/76 76 20 99.

Schiff

Zu allen größeren Inseln fahren kleine **Autofähren** (*trajekt*) von Jadrolinija – in der Saison oft stündlich oder nach Bedarf. Reservierungen sind für diese Lokalfähren nicht möglich. Nähere Informationen, Preisauskünfte und Fahrpläne erhält man von der Gesellschaft Jadrolinija [s. S. 128] und von Hafenbüros in fast allen Fährhäfen. **Schnellfähren** bieten gute und komfortable Verbindungen entlang der Küste und zu vielen Inseln. Sie verkehren während der Saison täglich auf der Route Rijeka–Split–Dubrovnik mit zahlreichen Zwischenstopps, die jedoch nicht bei jeder Fahrt die gleichen sind, sodass die Fahrzeit für die Gesamtstrecke zwischen 17 und 23 Stunden schwankt. Für diese Fähren sind längerfristige Reservierungen erforderlich, wenn man ein Fahrzeug mitnehmen will. Von fast allen Urlaubszentren gibt es kleine **Personen- und Ausflugsboote**, die Urlauber auf unbesiedelte Inseln und an abgelegene Buchten und Strände fahren.

Taxi

Taxistände findet man in allen größeren Städten an Busbahnhöfen, Häfen und Bahnstationen. Die Preise sind festgelegt und der Taxameter muss eingeschaltet werden.

Sprachführer

Kroatisch für die Reise

Das Wichtigste in Kürze

Ja/Nein	*Da/Ne*
Bitte/Danke	*Molim/Hvala*
In Ordnung!/Ich bin einverstanden!	*U redu!/ Pristajem!*
Entschuldigung!	*Oprostite!*
Wie bitte?	*Kako molim?*
Ich verstehe Sie nicht.	*Ja Vas ne razumjem.*
Ich spreche nur wenig Kroatisch.	*Ja govorim samo malo hrvatski.*
Können Sie mir bitte helfen?	*Možete li mi molim Vas pomoći?*
Das gefällt mir (nicht).	*To mi se (ne) sviđa.*
Ich möchte ...	*Htio/htjela* bih ...*
Haben Sie ...?	*Imate li ...?*
Wie viel kostet ....?	*Koliko košta ...?*
Kann ich mit Kreditkarte bezahlen?	*Dali mogu platiti sa kreditnom kartom?*
Wie viel Uhr ist es?	*Koliko je sati?*
Guten Morgen!	*Dobro jutro!*
Guten Tag!	*Dobar dan!*
Guten Abend!	*Dobra večer!*
Gute Nacht!	*Laku noć!*
Hallo!/Grüß dich!	*Halo!/Zdravo!*
Wie ist Ihr Name, bitte?	*Kako se zovete, molim?*
Mein Name ist ...	*Ja se zovem ...*
Wie geht es Ihnen?	*Kako ste?*
Auf Wiedersehen!	*Do viđenja!*
Tschüss!	*Zbogom!*
Bis bald!	*Do skora!*
Bis morgen!	*Do sutra!*

Zahlen

0	*nula*	19	*devetnaest*
1	*jedan*	20	*dvadeset*
2	*dva*	21	*dvadeset i jedan*
3	*tri*	22	*dvadeset i dva*
4	*četiri*	30	*trideset*
5	*pet*	40	*četrdeset*
6	*šest*	50	*pedeset*
7	*sedam*	60	*šezdeset*
8	*osam*	70	*sedamdeset*
9	*devet*	80	*osamdeset*
10	*deset*	90	*devedeset*
11	*jedanaest*	100	*sto*
12	*dvanaest*	200	*dvjesta*
13	*trinaest*	2 000	*dvije tisuće*
14	*četrnaest*	10 000	*deset tisuća*
15	*petnaest*	100 000	*milijun*
16	*šesnaest*	$\frac{1}{2}$	*polovica*
17	*sedamnaest*	$\frac{1}{4}$	*četvrtina*
18	*osamnaest*		

gestern/heute/morgen	*jučer/danas/sutra*
am Vormittag/ am Nachmittag	*prije podne/ poslije podne*
am Abend/ in der Nacht	*na večer/ u noći*
um 1 Uhr/ um 2 Uhr usw.	*u jedan sat/ u dva sata ...*
um Viertel vor .../ nach ...	*u kvarat do .../ u ... i kvarat*
um ... Uhr 30	*u ... sata i trideset*
Minute(n)/Stunde(n)	*minuta (minute)/ sat (sata, sati)*
Tag(e)/Woche(n)	*dan(i)/tjedan (tjedni)*
Monat(e)/Jahr(e)	*mjesec(i)/godina (godine)*

Wochentage

Montag	*ponedjeljak*
Dienstag	*utorak*
Mittwoch	*srijeda*
Donnerstag	*četvrtak*
Freitag	*petak*
Samstag	*subota*
Sonntag	*nedjelja*

Monate

Januar	*siječan*
Februar	*veljača*
März	*ožujak*
April	*travanj*
Mai	*svibanj*
Juni	*lipanj*
Juli	*srpanj*
August	*kolovoz*
September	*rujan*
Oktober	*listopad*
November	*studeni*
Dezember	*prosinac*

Maße

Kilometer	*kilometar(-tra)*
Meter	*metar(-tra)*
Zentimeter	*centimetar(-tra)*
Kilogramm	*kilogram(a)*
Gramm	*gram(a)*
Liter	*litar (litra)*

*Htio/htjela** = männl./weibl. Wortform

Unterwegs

Nord/Süd/Ost/ West	*sjever/jug/istok/ zapad*
oben/unten	*gore/dole*
geöffnet/geschlossen	*otvoreno/zatvoreno*
geradeaus/links/ rechts/zurück	*ravno/lijevo/ desno/nazad*
nah/weit	*blizu/daleko*
Wie weit ....?	*Koliko daleko ...?*
Wo sind die Toiletten?	*Gdje su zahodi?*
Wo ist die (der) nächste .... Telefonzelle/ Bank/ Geldautomat/ Post/ Polizei?	*Gdje je slijedeča (slijedeči) ... telefonska govornica/ banka/ automat za novce/ pošta/ policija?*
Bitte, wo ist ... der Hauptbahnhof/ die U-Bahn/ der Flughafen?	*Molim Vas, gdje je ... glavni kolodvor/ podzemna željeznica/ aerodrom?*
Wo finde ich ... eine Bäckerei/ Fotoartikel/ ein Kaufhaus/ ein Lebensmittel-geschäft/ den Markt?	*Gdje mogu naći ... pekaru/ fotografske potrepštine/ robnu kuću/ trgovinu živežnih namirnica/ tržnicu?*
Ist das der Weg/ die Straße nach ...?	*Dali je ovo put/ ulica za ...?*
Ich möchte mit ... dem Zug/ dem Schiff/ der Fähre/ dem Flugzeug nach ... fahren.	*Htio/htjela* bih putovati ... vlakom/ brodom/ trajektom/ avionom u ...*
Gilt dieser Preis für Hin- und Rückfahrt?	*Jeli to cjena za povratnu kartu?*
Wie lange gilt das Ticket?	*Do kada vrijedi karta?*
Wo ist das Fremden-verkehrsamt/ das Reisebüro?	*Gdje se nalazi turistički ured/ putnički ured?*
Ich suche eine Hotel-unterkunft.	*Tražim hotelski smještaj.*
Wo kann ich mein Gepäck lassen?	*Gdje mogu ostaviti moju prtljagu?*
Ich habe meinen Koffer verloren.	*Ja sam izgubio / izgubila*/ moj kofer.*
Ich möchte eine Anzeige erstatten.	*Htio/htjela* bih napraviti prijavu.*
Man hat mir ... Geld/die Tasche/ die Papiere/ die Schlüssel/ den Fotoapparat/ den Koffer/ das Fahrrad gestohlen.	*Netko mi je ukrao ... novce/torbu/ dokumente/ ključeve/ fotoaparat/ kofer/ biciklu.*

Freizeit

Ich möchte ein ... Fahrrad/ Mountainbike/ Motorrad/ Surfbrett/ Boot/ Pferd mieten.	*Htio/htjela* bih unajmiti ... biciklu/ mountainbike/ motocikl/ dasku za jedrenje/ čamac/ konja.*
Gibt es ein(en) ... Freibad/ Golfplatz/ Strand in der Nähe?	*Dali postoji u blizini ... otvoreni bazen/ teren za golf/ plaža?*
Wann hat .... geöffnet?	*Kada je otvoren/ otvorena* ...?*

Bank, Post, Telefon

Ich möchte Geld wechseln.	*Htio/htjela* bih promjeniti novce.*
Brauchen Sie meinen Ausweis?	*Trebate li moju osobnu iskaznicu?*
Wo soll ich unter-schreiben?	*Gdje da potpišem?*
Ich möchte eine Telefonverbindung nach ...	*Htio/htjela* bih telefonsku vezu za ...*
Wie lautet die Vorwahl für ....?	*Koji je pozivni broj za ...?*
Wo gibt es ... Münzen für den Fernsprecher/ Telefonkarten/ Briefmarken?	*Gdje mogu dobiti ... žetone za telefon/ telefonske kartice/ poštanske marke?*

Hinweise zur Aussprache

c	wie ›z‹, Bsp.: bo**c**a
č	wie ›tsch‹, Bsp.: **č**aj
ć	wie ›tch‹, Bsp.: vo**ć**e
dž	wie ›dsch‹, Bsp.: patli**dž**ani
đ	wie ›dj‹ (d und breites j zusammen), Bsp.: grožđe
e	wie ›e, ä‹
h	wie ›h, ch‹
lj	wie ›lj‹ (sehr eng zusammen), Bsp.: u**lj**e
nj	wie ›nj‹ (sehr eng zusammen), Bsp.: ko**nj**
r	wie ›r‹ (kräftig rollen), Bsp.: **r**iba
s	wie ›ss, ß‹, Bsp.: me**s**o
š	wie ›sch‹, Bsp.: **š**unka
v	wie ›w‹, Bsp.: **v**oda
z	wie ›s‹, Bsp.: bei**z**u
ž	wie ›sch‹, Bsp.: **ž**eton

Tankstelle

Wo ist die nächste Tankstelle?	*Gdje se nalazi slijedeča benzinska stanica?*
Ich möchte ... Liter ... Super/Diesel/ bleifrei.	*Htio/htjela* bih.... litra ... supera/dizela/ bez olovnog.*
Volltanken, bitte.	*Napunite molim Vas rezervoar.*
Bitte prüfen Sie ... den Reifendruck/ den Ölstand/ den Wasserstand/ das Wasser für die Scheibenwischanlage/ die Batterie.	*Provjerite molim Vas ... pritisak u gumama/ ulje/ vodu/ vodu za brisače/ akumulator.*
Würden Sie bitte ... den Ölwechsel vornehmen/	*Molim Vas da mi ... promjenite ulje/*
den Radwechsel vornehmen/	*promjenite gumu/*
die Sicherung austauschen/	*zamjenite osigurač/*
die Zündkerzen erneuern/	*promjenite svijećice/*
die Zündung nachstellen.	*naštimate paljenje.*

Panne

Ich habe eine Panne.	*Dogodila mi se prometna nezgoda.*
Der Motor startet nicht.	*Motor se ne može upaliti.*
Ich habe die Schlüssel im Wagen gelassen.	*Zaboravio/zaboravila* sam ključeve u autu.*
Ich habe kein Benzin/ Diesel.	*Nemam više benzina/ dizela.*
Gibt es hier in der Nähe eine Werkstatt?	*Postoji li ovdje u blizini autoradionica?*
Können Sie mir einen Abschleppwagen schicken?	*Možete li mi poslati vućna kola?*
Können Sie den Wagen reparieren?	*Možete li auto popraviti?*
Bis wann?	*Do kada?*

Mietwagen

Ich möchte ein Auto mieten.	*Htio/htjela* bih unajmiti auto.*
Was kostet die Miete ... pro Tag/pro Woche/ mit unbegrenzter km-Zahl/	*Koliko košta najam ... na dan/na tjedan/ sa neograničenim brojem kilometara/*
mit Kaskoversicherung/ mit Kaution?	*sa kasko osiguranjem/ sa kaucijom?*
Wo kann ich den Wagen zurückgeben?	*Gdje mogu vratiti auto?*

Unfall

Hilfe!	*U pomoć!*
Achtung!/Vorsicht!	*Pozor!/Oprez!*
Rufen Sie bitte schnell ... einen Krankenwagen/ die Polizei/ die Feuerwehr.	*Pozovite molim Vas brzo ... hitnu pomoć/ policiju/ vatrogasce.*
Es war meine Schuld.	*Bila je moja krivnja.*
Es war nicht meine Schuld.	*Nije bila moja krivnja.*
Geben Sie mir bitte Ihren Namen und Ihre Adresse.	*Dajte mi molim Vas Vaše ime i Vašu adresu.*
Ich brauche die Angaben zu Ihrer Autoversicherung.	*Trebam podatke od Vašeg osiguranja.*

Krankheit

Können Sie mir einen guten Deutsch sprechenden Arzt/ Zahnarzt empfehlen?	*Možete li mi preporučiti jednog dobrog liječnika/ zubara koji govori njemački?*
Wann hat er Sprechstunde?	*Kada on ordinira?*
Wo ist die nächste Apotheke?	*Gdje se nalazi sljedeča ljekarna?*
Ich brauche ein Mittel gegen ... Durchfall/ Halsschmerzen/ Verstopfung/ Zahnschmerzen.	*Trebam sredstvo protiv ... proljeva/ grlobolje/ začepljenja/ zubobolje.*

Im Hotel

Können Sie mir ein Hotel/ eine Pension empfehlen?	*Možete li mi preporučiti jedan hotel/ svratište?*
Ich habe bei Ihnen ein Zimmer reserviert.	*Rezervirao/ rezervirala* sam kod Vas jednu sobu.*
Haben Sie ein Einzel-/ Doppelzimmer ...	*Imate li jednokrevetnu/dvokrevetnu sobu ...*
mit Dusche/Bad/ WC/	*sa tušom/kadom/ WC (zahodom)/*
für eine Nacht/ für eine Woche/	*za jednu noć/ za jedan tjedan/*

mit Blick aufs Meer?	*sa pogledom na more?*
Was kostet das Zimmer ... mit Frühstück/ mit Halbpension/ mit Vollpension?	*Koliko košta soba ... sa doručkom/ sa polu pansionom/ sa punim pansionom?*
Wie lange gibt es Frühstück?	*Do kada se može doručkovati?*
Ich möchte um ... Uhr geweckt werden.	*Probudite me molim Vas u ... sata/sati.*
Ich reise heute abend/ morgen früh ab.	*Ja ću večeras/ sutra u jutro odputovati.*
Haben Sie Internet/ einen Hotelsafe?	*Imate li internet/ hotelski trezor?*
Kann ich mit Kreditkarten zahlen?	*Mogu li platiti sa kreditnom karticom?*

Im Restaurant

Ich suche ein gutes Restaurant.	*Tražim dobar restoran.*
Ich suche ein günstiges Restaurant.	*Tražim restoran pristupačnih cijena.*
Herr Ober!/Kellner!/ Bedienung!	*Gospodin konobar!*
Die Speisekarte, bitte.	*Jelovnik, molim Vas.*
Welches Gericht können Sie besonders empfehlen?	*Koje bi jelo mogli posebno preporučiti?*
Ich möchte das Tagesgericht/ das Menü (zu ...).	*Ja bih htio/ htjela* dnevni meni (...)*
Ich möchte nur eine Kleinigkeit essen.	*Ja bih htio/htjela* samo jednu sitnicu pojesti.*
Haben Sie ... vegetarische Gerichte/ offenen Wein/ alkoholfreie Getränke?	*Dali imate ... vegetarijanska jela/ otvoreno vino/ bezalkoholna pića?*
Kann ich bitte ... ein Messer/ eine Gabel/ einen Löffel haben?	*Dali mogu dobiti ... nož/ vilicu/ žlicu?*
Darf man rauchen?	*Smije li se pušiti?*
Die Rechnung/ Bezahlen, bitte!	*Račun/ Platiti, molim!*

Essen und Trinken

Apfel	*jabuka*
Artischocken	*artičoki*
Auberginen	*patlidžani*
Bier	*pivo*
Birne	*kruška*
Brot/Brötchen	*kruh/pecivo*
Butter	*maslac*
Ei	*jaje*
Eiscreme	*sladoled*
Erbsen	*grašak*
Erdbeeren	*jagode*
Essig	*ocat*
Feigen	*smokve*
Fisch	*riba*
Flasche	*boca*
Fleisch	*meso*
Fruchtsaft	*voćni sok*
Frühstück	*doručak*
gegrillt	*sa roštilja*
Gemüse	*povrće*
Glas	*čaša*
Huhn	*kokoš*
Kaffee mit aufgeschäumter Milch	*kapuciner*
Kaffee, kleiner, starker	*espreso*
Kaffee, kleiner, mit wenig Milch	*espreso sa mlijekom (machiato)*
Kalbfleisch	*teleće meso*
Kalbshaxenscheibe	*teleća koljenica*
Kartoffeln	*krumpiri*
Käse	*sir*
Knoblauch	*bijeli luk*
Lamm	*janjetina*
Leber	*jetra*
Maisbrei	*polenta*
Mangold	*blitva*
Milchkaffee	*bijela kava*
Mineralwasser (mit/ohne Kohlensäure)	*mineralna voda (sa sodom/ bez sode)*
Muscheln	*školjke*
Nachspeise	*desert*
Nudeln	*manistra, tjestenina*
Obst	*voće*
Öl	*ulje*
Oliven	*masline*
Olivenöl	*maslinovo ulje*
Orange	*naranče*
Parmesankäse	*parmezan*
Pfannkuchen	*palačinke*
Pfeffer	*papar*
Pfirsich	*breskva*
Pilze	*gljive*
Salat	*salata*
Salz	*sol*
Schinken	*šunka, pršut*
Schweinefleisch	*svinjsko meso*
Spinat	*špinat*
Strudel	*štrudla*
Suppe	*juha*
Tee	*čaj*
Tomaten	*rajčica, pornidor*
Vorspeise	*predjelo*
Wein	*vino*
Weißwein	*bijelo vino*
Rotwein	*crno vino*
Roséwein	*roze vino*
Weintrauben	*grožđe*
Zucker	*šećer*

Register

Impressum

Herausgeber: TRAVEL HOUSE MEDIA GmbH, München
Redaktionsleitung: Jens van Rooij
Autor: Peter und Rainer Höh
Aktualisierung: Rainer Höh
Verlagsredaktion: Benjamin Happel, Gernot Schnedlitz, Katja Tegler
Lektorat: Intermag Publishing GmbH, München
Bildredaktion: Travel House Media, Intermag Publishing
Satz: Intermag Publishing
Umschlaggestaltung: Eva Stadler
Karten (Umschlag): Computerkartographie Carrle, München
Karten (Innenteil): Computerkartographie Carrle
Herstellung: Vanessa Große
Druck: Drukarnia Dimograf Sp z o.o. (Polen)

Ansprechpartner für den Anzeigenverkauf:
KV Kommunalverlag GmbH & Co. KG,
MediaCenter München, Tel. 089/92 80 96 44

ISBN 978-3-95689-244-8

Neu bearbeitete Auflage 2016

Bei Interesse an maßgeschneiderten Verlagsprodukten:
veronica.reisenegger@travel-house-media.de

TRAVEL HOUSE MEDIA

Ein Unternehmen der
GANSKE VERLAGSGRUPPE

Bildnachweis

Titel: Der Hafen von Stari Grad im Nordwesten von Hvar
Foto: **Bildagentur Huber** (Douglas Pearso)

Rücktitel: links: **Shutterstock** (Mila Atkovska); rechts: **Shutterstock** (OPIS Zagreb)

AKG: 12, 13, 14, 15.1 – **awl Images:** 9.2 (Wh.), 16/17, 52 (Doug Pearson), 22/23 (Alex Robinson) – **dpa Picture-Alliance:** 67 (Hacken) – **Fotolia:** 3.1 (Wh.), 98 (Dario Bajurin), 4.1 (Wh.), 46, 68/69 (xbrchx), 5.4 (Kesu), 47 (pershing), 57 (lexlero), 59 (brozova), 65 (Doin Oakenhelm), 79 (Ljupco Smokovski), 82 (mrakhr), 105 (swisshippo), 112 (kev_kiwi) – **Ralf Freyer:** 19, 20, 21, 29, 37, 42, 48, 55.1, 55.2, 56.1, 56.2, 61, 63.1, 63.2, 72, 75, 84, 85, 86, 88, 92, 101, 113, 119, 128 – **Rainer Hackenberg:** 2.4 (Wh.), 31, 49, 60, 80, 97, 100, 115, 129 – **Peter und Rainer Höh:** 30, 32, 33, 38, 114, 130 – **Bildagentur Huber:** 90 (Jan Wlodarczyk) – **Jalag Syndication:** 2.3 (Wh.), 5.1 (Wh.), 5.3 (Wh.), 9.1, 11, 50, 111, 132 (Wh.) (Gerald Hänel), 10.1 (Arthur F. Selbach), 108 (Arthur F. Selbach) – **Siegfried Kuttig:** 87, 117 – **laif:** 3.3 (Wh.), 7, 107 (Wh.) (Le Figaro Magazine/Martin), 116 (Hemispheres) – **Knut Liese:** 133.2 – **Look:** 104, 106.1, 106.2, 118 – **mauritius images:** 66 (Stadler), 73 (Moxter), 94, 95 (Pega) – **Shutterstock:** 2.2 (Don Mammoser), 4.2 (Wh.), 25 (Dario Vuksanovic), 4.3 (Gaspar Janos), 5.2 (Tatiana Popova), 3.2 (Wh.), 6 (Luisa Fumi), 6/7 (Igor Plotnikov), 8 (Yan Simkin), 8/9 (Nowak Lukasz), 10.2 (Mila Atkovska), 26/27, 51 (xbrchx), 34/35 (Mrak.hr), 40 (Alexander Tihonov), 40/41 (LeonP), 43 (Nataliia Budianska), 44/45 (Honza Hruby), 58 (science photo), 76 (LianeM), 2.1 (Wh.), 81 (Darios), 4.4 (Wh.), 112/113 (alexdrim), 110, 120, 122/123 (OPIS Zagreb), 3.4 (Wh.) 39, 133.1 (Wh.) (Dziurek) – **Jochen Tack:** 70 – **Ullstein Bild:** 15.2

Entdecken Sie mit ibero tours Dalmatiens faszinierende Inselwelt...
...authentische Fischerdörfer und wunderschöne Hafenstädte. Wir haben die passende Unterkunft für Sie und buchen Ihnen günstige Flüge dazu!
Tel. +49 (0) 211 - 86 41 520 oder
www.iberotours.de
ibero tours
reisen à la carte
KROATIEN